意大利
ITALY

《中国公民出游宝典》编委会 编著

中国公民出游宝典

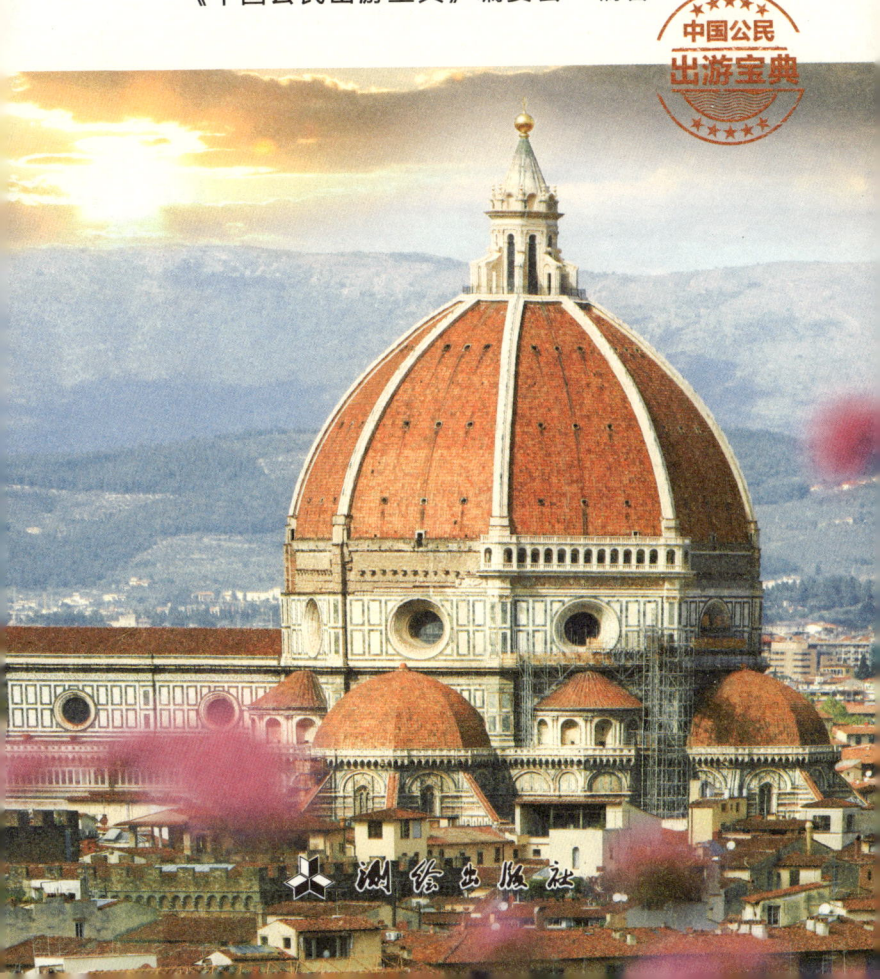

测绘出版社

《中国公民出游宝典》编委会

顾　　　问：刘振堂　刘一斌　杨伟国
编委会主任：高锡瑞

编委会成员（排名按姓氏笔画）：

万经章　王雁芬　卢永华　石　武　刘一斌
刘志杰　刘振堂　许昌财　江承宗　李玉成
吴克明　杨伟国　时延春　胡中乐　赵　强
高锡瑞　黄培昭　甄建国　潘正秀　穆　文

人文地理作者：李玉成　李　梅

策　　划：赵　强
责任编辑：赵　强
执行编辑：付永涛
地图编辑：黄　波
责任印制：陈　超
图片提供：微图图片　全景视觉
　　　　　达志影像　壹图网

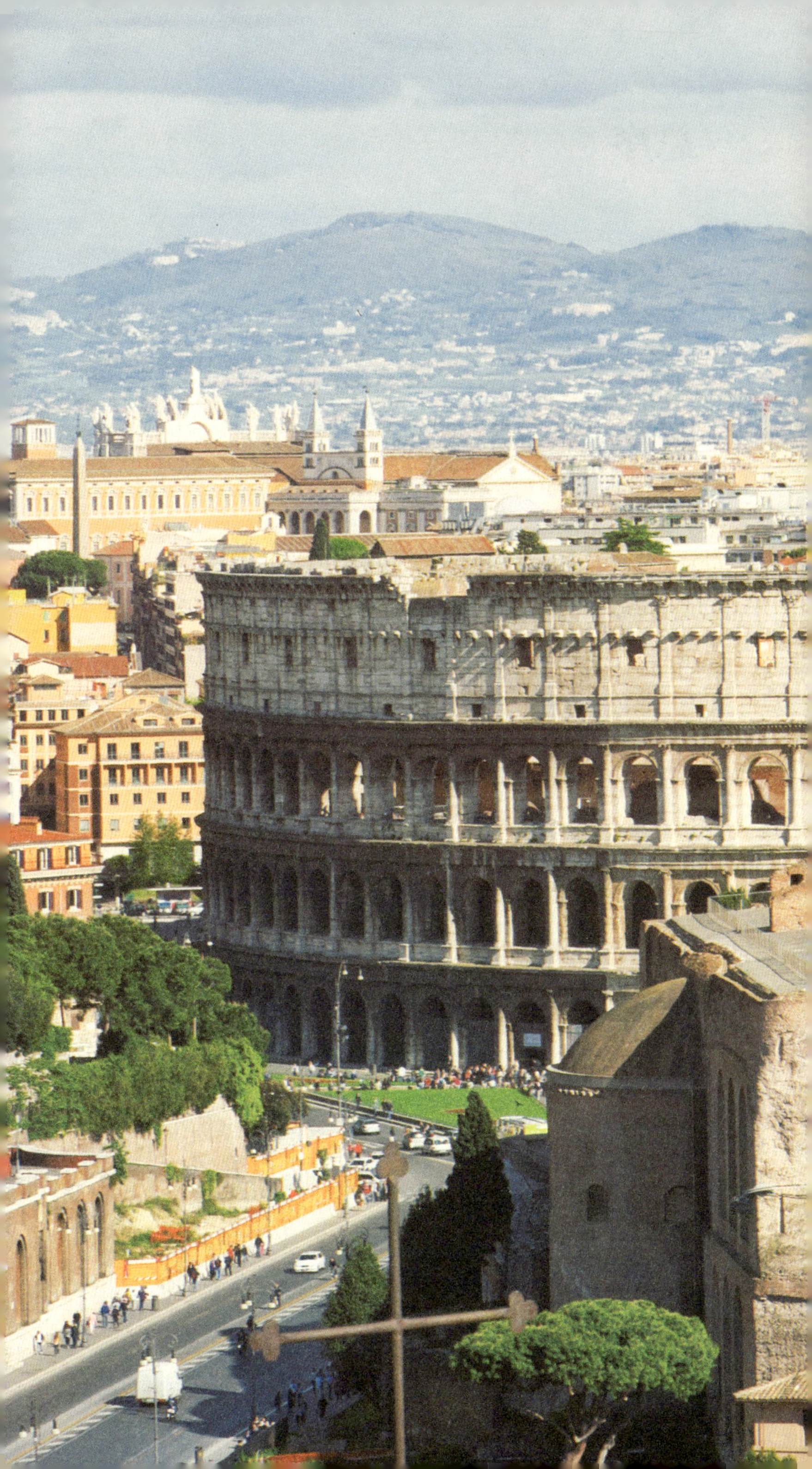

总序

当今的中国已成为世界上顶级旅游大国之一，迄今我国已批准了140多个国家和地区为中国公民自费出境旅游的目的地，出境旅游的人数急剧上升，2012年全年已超过8300万人次。这就意味着我国的境外游已达到"升级换代"的阶段。至少对那部分有更高要求的游客，必须有新的旅游产品来满足他们新的需求。

中国地图出版集团旗下，测绘出版社文化生活出版分社组织编写的《中国公民出游宝典》丛书生逢其时，丛书由"人文地理"、"旅游资讯"、"地图导览"三部分组成，具有权威、代表、专业和针对性四大特点。这恰恰是面向中高档次的出境游客的一套货真价实的高端旅游丛书。

一、权威性。参与撰写"人文地理"的作者为我国前驻外使节及其他资深外交官。他们长期从事外事工作，不但熟悉驻在国（地）的地理环境、自然风貌，而且深谙当地的文化习俗、风土人情、历史沿革和特质长项。这些作者多为外交笔会成员，有写旅游丛书的经验，行文严谨、准确、细腻，耐人寻味咀嚼。所以，本丛书提的口号"大使指路，游客追捧，跟着外交官去旅游"是恰如其分的。

二、代表性。在世界200多个国家和地区中，精选出十几个国家和地区，其前提是旅游资源十分丰厚。我国开放出国旅游以来，中国游客青睐、向往之地，在人文、地理、自然、物产和良风益俗诸多方面具有独到之处，在地区或世界上颇有知名度，适宜较高品味的旅游享受。

三、专业性。由权威的旅游专家提供合理的旅游实用资讯，丛书配有执笔者与相关驻华旅游局提供的旅游目的地最新照片,进而图文并茂,游客可未到先知,扩大了选择的余地。抵达后"按图索骥",更会加深美好的印象。特别值得一提的是,测绘出版社作为本丛书的策划者还提供了详实的旅游地图,方便游客的出行。

四、针对性。在我国经济与社会发展到当今的水平,中高档的出国旅游者,远不满足于浮光掠影、走马观花式的普通游览,提高知识性、趣味性、舒适性成为中高档游客的普遍诉求。故本丛书刻意着墨于"景点背后的故事",以作者的感悟归纳与凝练,尽量做到简洁明快,易记好懂,令旅行者阅后犹如观实景,穿越时空的隧道,尽享上品的快意与雅趣。

旅游是一部永远读不完的百科全书。洞悉目的地国或地区的方方面面,本身就是对别人的一种尊重与欣赏。而当地人自然也会通过我们这些来自中国的游客,哪怕只是一颦一笑、举手投足,都可窥见中国人及其国家的品位、风貌和素养。坦言之,出版这套丛书有着双重初衷,既为中高档游客提供更多便利,也为我国游客在国门之外的言行举止称得上"中高档次"而提供帮助。让旅游目的地国在分享"旅游红利"的同时,也通过我们的游客分享我国的成长、进步与文明的果实。

刘振堂[*]

2013.6

---

[*]中国资深外交官,中东问题专家,前驻伊朗、黎巴嫩大使。

序

　　随着人们生活条件的改善，出国旅游的人越来越多。旅游能增长知识、开扩眼界、陶冶性情、有益健康，古人云："读万卷书，行万里路"，孔子周游列国，张良"欲从赤松子游"，李白"一生好入名山游"，古人尚且豁达，今天交通便捷，如无工作、家庭不便，健康允许，何不一游！

　　意大利旅游资源丰富，应当是赴欧游的首选国家之一。那里有美丽的自然风光，蓝天、碧海、阳光；阿尔卑斯山的雄伟壮丽，山谷的幽深，威尼斯泻湖，亚德里亚海风光，维苏威火山。还有许多古罗马和文艺复兴时期的艺术珍品：可以看到古罗马遗址、斗兽场、火山灰掩埋的庞贝古城、西西里的神庙谷，比萨斜塔、以及达芬奇、拉斐尔、米开朗琪罗的杰作，以及各式大大小小的教堂。可以品尝地中海健康饮食，观赏不同风格的民族服饰，领略中世纪小城风貌，那些小街小巷、老房子，在巨大工业化浪潮冲击下能保存下来，现代化与历史文物保护并行不悖，实属不易，为人类留下了宝贵遗产，使我们看到什么是欧洲的中世纪，这体现意大利人的智慧。

　　身处他乡，导游手册之类的书还是需要的，了解点历史、文化背景，总比贸然前往好。我在意大利工作十多年，可说一辈子都在同这个国家打交道，希望把我知道的一点与读者分享，但深知全面介绍一个国家，决非易事，加以字数所限，只能择其重点，简略介绍，因此疏漏难免，望读者见谅。

李玉成

2014年初于北京

目录 CONTENTS

PART 1 人文地理

基本概况　　002

1. 主要信息速览　　003
2. 狭长地理，宜人气候　　005
3. 宪法、议会、总统、总理　　008
4. 政党　　009
5. 人口、民族、语言、宗教　　010
6. 行政区划介绍　　014
7. 经济情况　　014
8. 教育　　016
9. 新闻媒体　　017
10. 内政　　017
11. 外交　　018
12. 中意关系　　019

灿烂文化　　020

1. 古罗马文化　　020
2. 文艺复兴文化　　023
3. 近现代文化　　029
4. 意大利人中的佼佼者　　037

悠久历史　　040

1. 古罗马时期　　041

2. 中世纪 043
3. 文艺复兴时期 045
4. 近现代史 046
5. 当代意大利 052

风俗习惯 053

1. 热情好客 053
2. 讲究实用 053
4. 常去教堂 054
5. 饮食习惯 055
6. 爱好艺术 056
7. 服饰多样 056
8. 热爱家乡 056

城市介绍 058

1. "永恒之城"——罗马 060
2. 水上城市——威尼斯 069
3. 工业之都——米兰 075
4. 文艺复兴发源地——佛罗伦萨 077
6. 秀丽的阳光城市——那波利 079
7. 伽利略之城——比萨 080
8. 哥伦布之城——热那亚 081
9. 双塔城——博洛尼亚 083
10. 金盆地之城——巴勒莫 084
11. 海峡城——墨西拿 085

主要名胜　　　　　　　　　　086

1. 古罗马斗兽场　　　　　　　088
2. 古罗马市场　　　　　　　　089
3. 地下古墓　　　　　　　　　090
4. 特雷维喷泉　　　　　　　　091
5. "真言之口"　　　　　　　　091
6. 庞贝古城　　　　　　　　　092
7. 比萨斜塔　　　　　　　　　093
8. 圣玛丽亚·德尔菲奥雷大教堂　093
9. 乌菲齐画廊　　　　　　　　094
10. 斯福尔扎古堡　　　　　　　097
11. 布雷拉宫　　　　　　　　　098
12. 圣马可大教堂　　　　　　　098
13. 公爵府　　　　　　　　　　100
14. 穆拉诺岛　　　　　　　　　101
15. 朱丽叶之家　　　　　　　　101
16. 卡塞尔塔皇宫　　　　　　　102
17. 那波利王宫　　　　　　　　102
18. 卡普里岛　　　　　　　　　103
19. 阿尔贝罗贝洛石顶屋　　　　103

PART 2
旅游资讯
地图导览

实用信息　　　　　　　　　106

   1. 语言　　　　　　　　　　106
   2. 货币　　　　　　　　　　106
   3. 电源　　　　　　　　　　106
   4. 电话　　　　　　　　　　106
   5. 网络　　　　　　　　　　106
   6. 银行　　　　　　　　　　106
   7. 邮政　　　　　　　　　　106
   8. 通讯　　　　　　　　　　107
   9. 抽烟　　　　　　　　　　107
   10. 卫生间　　　　　　　　　107
   11. 紧急电话与服务电话　　　108

出入境信息　　　　　　　　108

   1. 出境须知　　　　　　　　108
   2. 入境须知　　　　　　　　108

交通　　　　　　　　　　　109

   1. 航空　　　　　　　　　　109
   2. 铁路　　　　　　　　　　110

3. 航海　　　　　　　　　　111
4. 公路　　　　　　　　　　111
5. 市内交通　　　　　　　　112

住宿　　　　　　　　　　113

1. 日间旅店　　　　　　　　113
2. 农村别墅和农舍　　　　　113
3. 青年旅店　　　　　　　　114
4. 学生旅店　　　　　　　　114

饮食　　　　　　　　　　114

1. 独特的饮食文化　　　　　114
2. 特色美食　　　　　　　　115

购物　　　　　　　　　　115

1. 百货商店　　　　　　　　115
2. 购物中心　　　　　　　　116
3. 名牌工厂　　　　　　　　116
4. 旧货市场　　　　　　　　117

活动　　　　　　　　　　117

1. 狂欢节　　　　　　　　　117
2. 八月节　　　　　　　　　118
3. 佛罗伦萨音乐节　　　　　118
4. 主显节　　　　　　　　　118
5. 复活节　　　　　　　　　118

6. 圣诞节 119
7. 元旦 119

不该错过的旅游体验 120

1. 感受"罗马假日"的情怀 120
2. 享受水上都市的柔情 120
3. "翡冷翠"之城体验艺术的魅力 120
4. 时尚之都追赶潮流 121
5. 在天然的历史博物馆里畅游 121

经典路线游 124

1. 经典之旅 124
2. 精华之旅 125
3. 深度之旅 127

中部地区旅游热点 131

1. 罗马 134
2. 佛罗伦萨 143
3. 锡耶纳 150
4. 阿西西 152
5. 马尔凯 153
6. 阿布鲁佐 153
7. 莫利塞 153

北部地区旅游热点　　155

1. 米兰　　158
2. 克雷莫纳　　161
3. 都灵　　162
4. 利古里亚　　164
5. 热那亚　　164
6. 威尼斯　　168
7. 维罗纳　　170
8. 维琴察　　172
9. 帕多瓦　　173
10. 瓦莱达奥斯塔　　174
11. 博尔扎诺　　174
12. 的里雅斯特　　175
13. 艾米利亚-罗马涅　　175
14. 博洛尼亚　　175
15. 里米尼　　178
16. 拉韦纳　　178
17. 摩德纳　　180
18. 费拉拉　　181

南部地区旅游热点　　183

1. 那波利　　184
2. 卡利亚里　　186
3. 巴勒莫　　186
4. 阿格里真托　　187
5. 锡拉库萨　　188
6. 卡塔尼亚　　189
7. 陶尔米纳　　189

8. 皮亚扎 – 阿尔梅里纳 190
9. 墨西拿 190
10. 普利亚 191
11. 巴西利卡塔 192
12. 卡拉布里亚 193

国中国—梵蒂冈、圣马力诺 195

1. 城中之国——梵蒂冈 196
2. 国中之国——圣马力诺 200

旅游须知 202

1. 礼仪禁忌 202
2. 温馨提示 202
3. 意外应急须知 204
4. 建议 205
5. 中国驻意大利大使馆和总领馆联系方式 207

意大利威尼斯安康圣母教堂

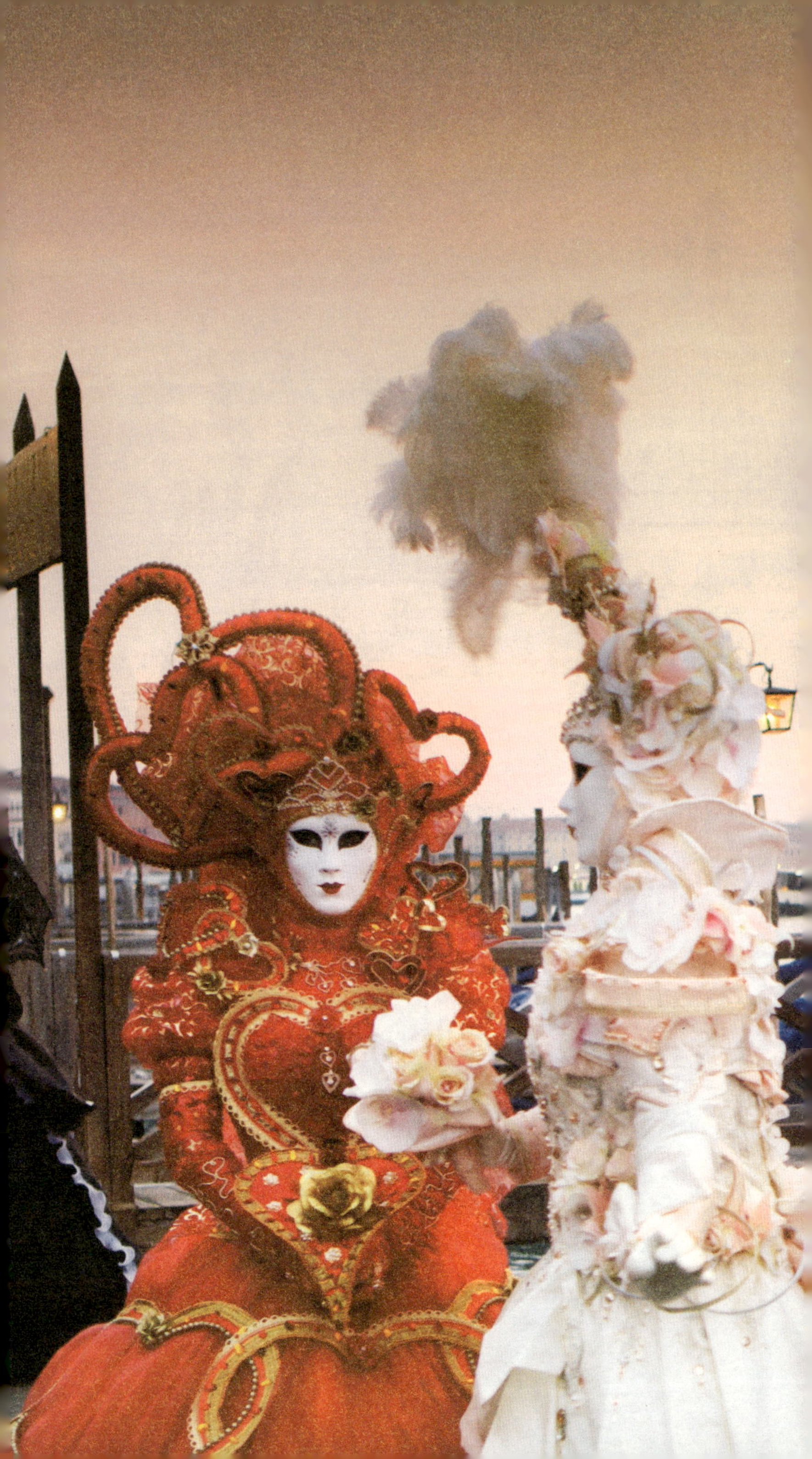

PART 1

人文地理

基本概况

　　意大利位于欧洲南翼，北连欧洲大陆，东临亚得里亚海，西濒利古里亚海和第勒尼安海，南接伊奥尼亚海。这里历史悠久、文化纷呈，既有古罗马时期的辉煌历史，也有文艺复兴时期的灿烂杰作，是一个令人向往的旅游国家。

1. 主要信息速览

(1) 国 名

意大利共和国（Repubblica Italiana）

(2) 国 旗

国旗呈长方形，长与宽之比为3∶2。旗面由三个平行相等的竖长方形相连构成，从左至右依次为绿、白、红三色。

(3) 国 徽

国徽呈圆形，中心图案是一个带红边的五角星，象征意大利共和国；五角星背后是一个大齿轮，象征劳动者；齿轮周围由橄榄枝叶和橡树叶环绕，象征和平与强盛。底部的红色绶带上用意大利文写着"意大利共和国"。

(4) 国 歌

《马梅利之歌》

(5) 国 花

雏菊

(6) 国 鸟

红胸鸽

（7）国　石

珊瑚

（8）首　都

罗马

（9）面　积

意大利国土面积为301 276平方千米，海岸线长约8 600公里。

（10）人　口

2012年的人口为6074万。人口密度为每平方千米199.2人。北部人口密度最高，面积占全国三分之一，而人口则几乎占全国的50%。高出生率一直持续到20世纪70年代为止，然后逐渐下降，所以到2008年，有五分之一的意大利人超过65岁。94%的居民为意大利人，少数民族有法兰西人、拉丁人、罗马人、弗留里人等。

（11）国　庆　6月2日

米兰大教堂

2. 狭长地理，宜人气候

（1）地　理

意大利（Italia）本意为"小牛生长的乐园"，位于欧洲南翼。地形上有阿尔卑斯山和亚平宁山两大山系。北面东西走向的阿尔卑斯山，如一道屏障，把意大利半岛同欧洲大陆分开，阿尔卑斯山南面陡峭，北面平缓，主峰勃朗峰海拔为4810米。意大利半岛地形南北狭长，约1269千米，它北连欧洲大陆，东临亚得里亚海，西濒利古里亚海和第勒尼安海，南接伊奥尼亚海。亚平宁山脉则横贯南北，一直延伸到半岛的末端。两座山脉组成T字形骨架，把半岛的地形分为几个富有特色的地区，

每个地区的人有着自己的生活特点。古时候,亚平宁山脉中部几乎进不去,而半岛南部和地中海岛屿,则同地中海沿岸国家有着十分频繁的交往,北部则有威尼斯潟湖和肥沃的波河平原。英国学者丹尼斯·哈伊认为:"地理因素对意大利产生了很大影响。如果说阿尔卑斯山和海洋给意大利带来统一,亚平宁山就破坏了这种统一。亚平宁山脉从北向南,像一个鱼背,非常适合容纳彼此差别很大的地方势力集团。因此,在意大利各地之间的冲突比其他国家较多,他们之间一旦产生政治隔阂,冲突就变得旷日持久。"

意大利共和国地处欧洲南部,包括亚平宁半岛及西西里岛、萨丁岛等岛屿,北以阿尔卑斯山为屏障与法国、瑞士、奥地利接壤,东、南、西三面临海。东与斯洛文尼亚毗邻,并与阿尔巴尼亚隔海相望,南部隔海相望的邻国有阿尔及利亚、突尼斯、利比亚和马尔他。意大利国土面积301 276平方千米,海岸线长约8 600公里。最大的平原是波河平原,土壤肥沃,是主要的农业区。东部沿海有狭长的平原地带。主要的河流有波河、阿迪杰河、台伯河。最大的湖泊为加尔达湖,此外还有马焦雷湖、科莫湖、特拉西梅诺湖等。

意大利撒丁岛

意大利马焦雷湖

(2) 气　候

尽管意大利地处中温带，各地气候特征并不相同。地中海的温暖海水，使悬殊温差得到缓和；阿尔卑斯山的弧形屏障，挡住了寒冷的北风。总的来说它风景秀丽，气候宜人。山水交融，地形多变，山区因不同海拔高度和不同气候特征而使植被物种丰富，人与自然和谐相处。山坡上点缀着小院，远处山上可见隐隐约约的围墙，而在那围墙后面，可以想象还有高山上的夏季牧场。丘陵地区逶迤的小路两旁布满柑橘园和橄榄树林，带红屋顶的三层小楼房错落其间，阳台上盛开着鲜花，而周围又是那样的安静，在阳光和微风中瞭望蓝色的海湾，你会想起《重归苏莲托》那首歌。雪莱写道："秀丽的土地和明朗的天空，就使我们的感情起了强烈的变化。"司汤达谈到意大利气候对神经的影响时说，1806年法国军团抵达弗留利后，个个精神焕发，"粗鲁的人也变得温柔了"。海涅在意大利曾说："在我们德国，夏天有绿色，冬天是没有的。在冬天，太阳就像穿着一件法兰绒外套，水果也不能成熟。"果戈里写道："到过意大利就不想到别处，上了天堂就不想尘世。拿欧洲与意大利相比就像拿阴天来比晴天。"德国人和斯堪的纳维亚各国人当然喜爱意大利的温暖气候。罗兰画里的光线比自然界里的光线更美丽，那是罗马的光线！缪塞写道："迷人的天空是那样纯净，在这里就是一声叹息也比别处更容易传到上帝耳中。"

意大利阿尔卑斯山

3. 宪法、议会、总统、总理

（1）宪　法

意大利宪法于1947年12月22日由立宪大会通过。宪法规定意大利是一个建立在劳动基础上的民主共和国。

（2）议　会

议会是最高立法和监督机构，采用两院制议会形式，由共和国参议院和众议院组成。两院权力相等，可各自通过决议，但两院决议相互关联。参、众两院分别有315个和630个席位，参、众议员均由普选产生（意大利公民年满18岁即可享有选举权，但年满25岁方可有权参选议员），两院议员任期5年。现任参议院议长为彼得罗·格拉索（Pietro Grasso），2013年3月当选，众议院议长为劳拉·博尔德里尼（Laura Boldrini），2013年3月当选。

（3）总　统

总统为国家元首和武装部队最高统帅，代表国家的统一，任期为7年，由参、众两院联席会议选出。现任总统是乔治·纳波利塔诺（Giorgio Napolitano），1925年6月29日出生于那波利。2006年5月10日被选为总统，2013年4月再次当选，成为意大利历史上首位连任总统。

（4）总　理

总理由总统任命，对议会负责。总理提名其他部长人选，议会通过后成立政府。现任总理为恩里科·莱塔（Enrico Letta），2013年4月被任命。莱塔1966年8月20日生于比萨，毕业于比萨大学国际法专业，曾任意大利民主党副书记、工业和外贸部长。

4. 政党

意大利实行多党制,各主要政党或党派联盟大多分布在中左和中右两大阵营。意大利主要政党有:

(1) 自由人民党

意大利第一大党。2007年11月,贝卢斯科尼在米兰宣布解散意大利力量党,成立自由人民党。

(2) 民主党

2007年10月成立。2007年4月,橄榄枝联盟主要政党左翼民主党和雏菊党分别决定解散两党,组建民主党。

(3) 北方联盟

1989年12月成立。

(4) 中间联盟

2007年12月成立。2008年1月,普罗迪领导的中左政府发生危机,纳波利塔诺总统宣布解散议会提前大选。为应对大选,中间力量主要党派基督教民主联盟、意大利白玫瑰党加快联合,于2008年2月合并组建中间联盟。

(5) 意大利价值党

1998年3月成立。迪彼德罗长期担任法官职业,在反对政治腐败的"净手运动"中名声大震。1998年,组建意大利价值党,并吸收一些独立参选的议员加入。

(6) 自治运动

2005年4月成立。该党影响力主要集中在意大利南部的西西里等地区,主张地方自治,推动南方主义。

5. 人口、民族、语言、宗教

（1）人　口

意大利2012年的人口为6074万。人口密度为每平方公里199.2人。北部人口密度最高，面积占全国三分之一，而人口则几乎占全国的50%。高出生率一直持续到20世纪70年代为止，然后逐渐下降，所以到2008年，有五分之一的意大利人超过65岁。

（2）民　族

94%的居民为意大利人，少数民族有法兰西人、拉丁人、

罗马人、弗留里人等。

(3) 语　言

意大利除西北部与东北部的少数民族讲法语、德语和斯洛文尼亚语外，绝大多数居民讲意大利语。

(4) 宗　教

古代罗马信多神教。随着君士坦丁皇帝于公元312年开放基督教信仰后，罗马天主教成为意大利公开和正式的主要宗教。绝大部分居民信奉天主教，此外还有少量信奉新教、东正教和犹太教。

西班牙广场

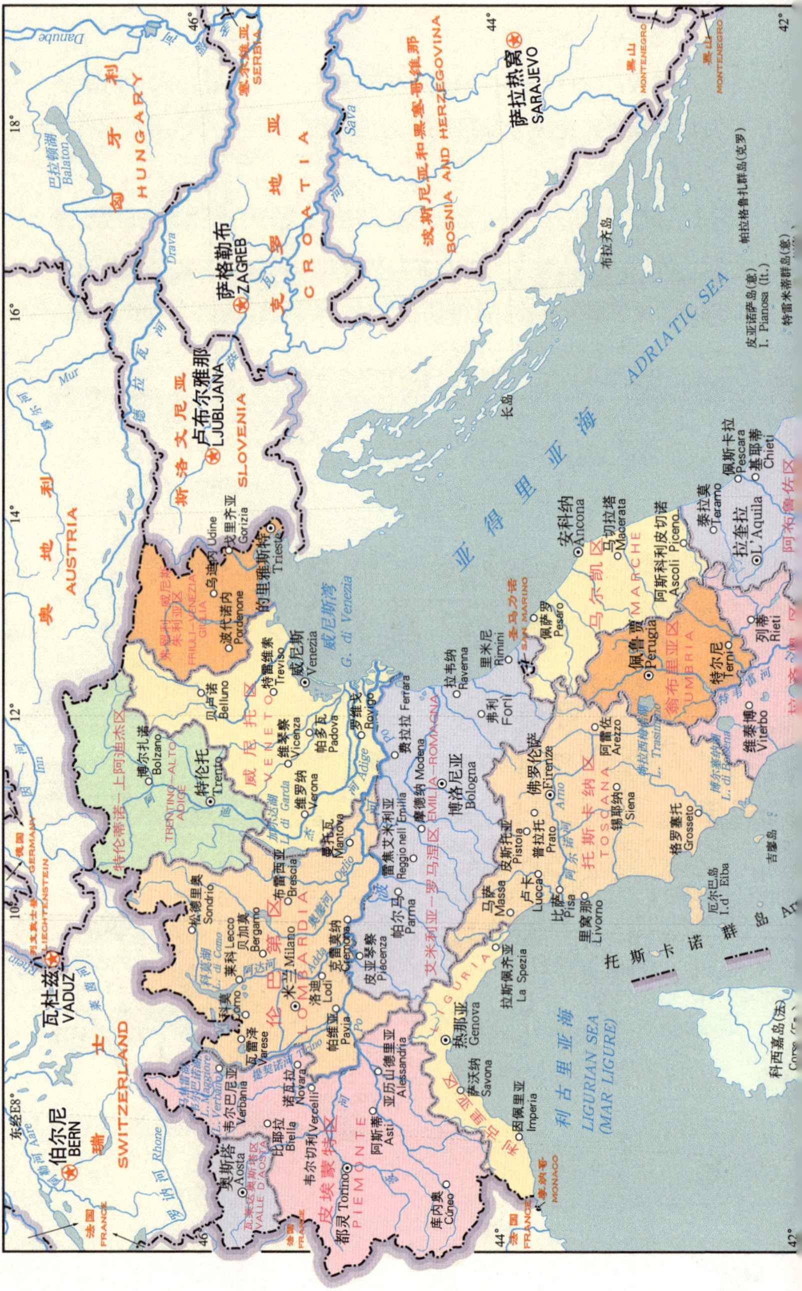
伯尔尼
BERN
瓦杜兹
VADUZ
卢布尔雅那
LJUBLJANA
萨格勒布
ZAGREB
萨拉热窝
SARAJEVO
瑞士
SWITZERLAND
奥地利
AUSTRIA
匈牙利
HUNGARY
斯洛文尼亚
SLOVENIA
克罗地亚
CROATIA
波斯尼亚和黑塞哥维那
BOSNIA AND HERZEGOVINA
塞尔维亚
SERBIA
黑山
MONTENEGRO
列支敦士登
LIECHTENSTEIN
德国
GERMANY
法国
FRANCE
摩纳哥
MONACO
圣马力诺
SAN MARINO
亚得里亚海
ADRIATIC SEA
利古里亚海
LIGURIAN SEA
(MAR LIGURE)
威尼斯湾
G. di Venezia
托斯卡纳群岛
都灵 Torino
米兰 Milano
热那亚 Genova
威尼斯 Venezia
博洛尼亚 Bologna
佛罗伦萨 Firenze
佩鲁贾 Perugia
安科纳 Ancona
的里雅斯特 Trieste
特伦托 Trento
奥斯塔 Aosta
拉奎拉 L'Aquila
皮埃蒙特区 PIEMONTE
伦巴第区 LOMBARDIA
威尼托区 VENETO
利古里亚区 LIGURIA
艾米利亚-罗马涅区 EMILIA-ROMAGNA
托斯卡纳区 TOSCANA
翁布里亚区 UMBRIA
马尔凯区 MARCHE
特伦蒂诺-上阿迪杰区 TRENTINO-ALTO ADIGE
弗留利-威尼斯朱利亚区 FRIULI-VENEZIA GIULIA
瓦莱达奥斯塔区 VALLE D'AOSTA
阿布鲁佐区
厄尔巴岛 I.d' Elba
科西嘉岛(法)
Danube
Balaton
Drava
Sava
Mur
Inn
Po
Adige
Arno
Rhone
Rhein
Aare

行政区图 Administrative

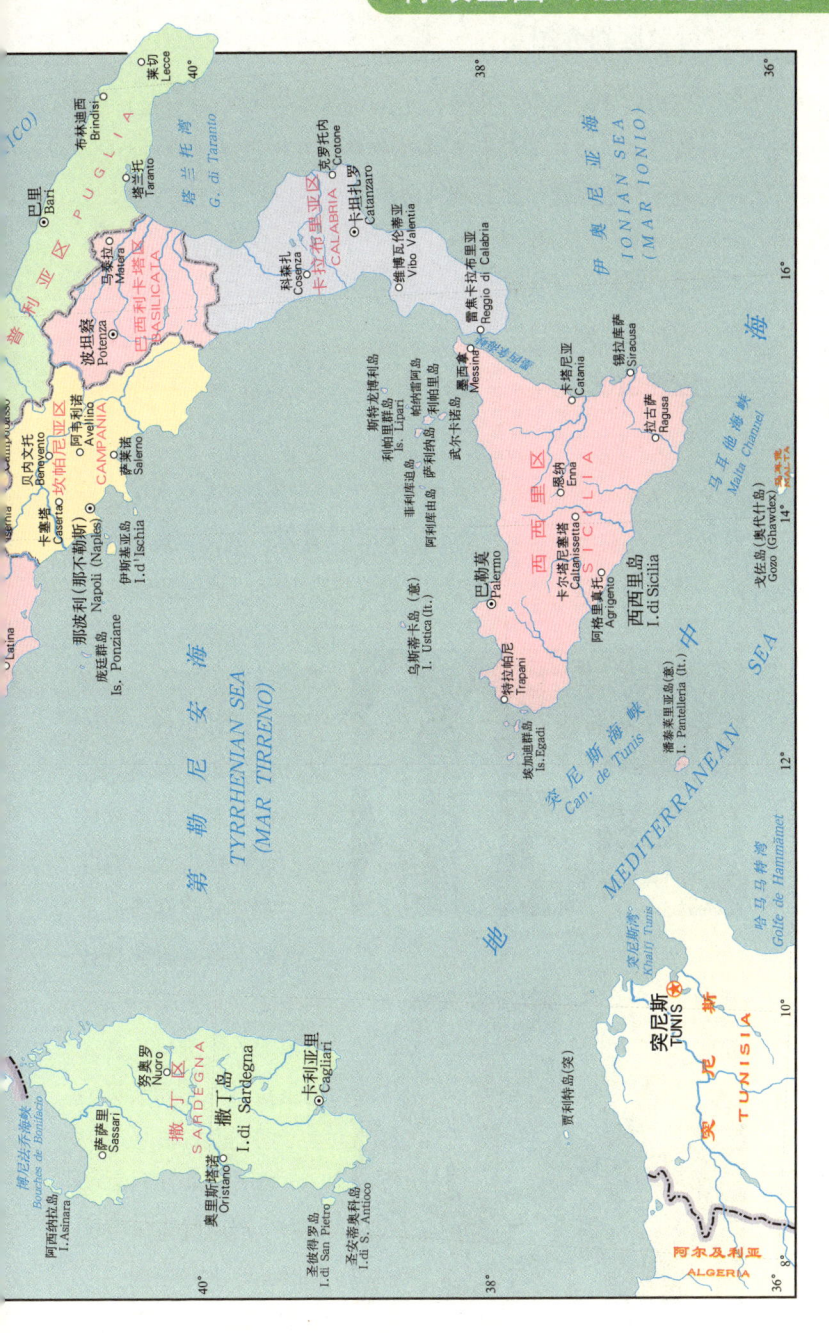

6. 行政区划介绍

全国划分为20个行政区，共103个省，8088个市（镇）。20个行政区是：皮埃蒙特、瓦莱达奥斯塔、伦巴第、特伦蒂诺·上阿迪杰、威尼托、弗留利－威尼斯－朱利亚、利古里亚、艾米利亚－罗马涅、托斯卡纳、翁布里亚、拉齐奥、马尔凯、阿布鲁佐、莫利塞、坎帕尼亚、普利亚、巴西利卡塔、卡拉布里亚、西西里、撒丁。

7. 经济情况

意大利经济自"二战"以来发生了巨大变化。由一个农业国发展成为一个先进的工业国。现在是欧洲第四大经济体，世界第八大经济体，仅次于美国、中国、日本、德国、法国、巴西、英国。它以私有经济为主体，占国内生产总值的80%以上。服务业约占国内生产总值的三分之二。意大利于1999年加入欧元区。经济由北部发达的大型私人工业和南部传统的农业所组成。并以具有创意及高品质汽车与电器工业及服装设计闻名于世。80%以上能源依赖外国进口，意大利也是世界第六大风力生产国，没有核电站。

罗马街头的餐厅

罗马随处可见的咖啡座

意大利在2011年的国内生产总值为16 300亿欧元，人均国内生产总值为26 017欧元，国内生产总值年增长率0.5%，通货膨胀率2.8%，失业率8.9%（数据来源：意大利国家统计局）。意大利中小企业占企业总数的98%以上，堪称"中小企业王国"。由于专业化程度较高，意大利企业在制革、制鞋、服装等领域具有较强竞争力。

赤字和公共债务一直是意大利经济的两大难题。2011年意大利财政赤字率4%，公债总额1.915万亿欧元，占GDP的121%。2011年意大利财政收入共计4117.9亿欧元，同比增长1.25%。

对外贸易产值占GDP的40%以上。为全球十大外贸国之一，年进出口贸易总额长期稳定在世界第七至八位。2011年，意大利出口额3757.19亿欧元，增长11.4%，进口额4000.52亿欧元，增长8.9%。贸易逆差243亿欧元。意国外市场主要为欧盟国家，对其出口量占总出口量一半以上。

意大利的工业部门有：石油化工、汽车制造、家用电器、电子仪器、冶金、机械、设备、纺织、服装、制革、家具、食品、饮料、烟草、造纸、出版、印刷、建筑等。农、林、渔业产值占国内生产总值约2.4%。由于境内多山和缺乏肥沃土壤，农业可耕地面积仅占全国总面积的10%。2010年，意大利是世界最大葡萄酒生产国，主要出口德国、美国和英国。服务业产

米兰国际博览会

值约占国内生产总值的68%。服务业产值是制造业的两倍,但多数服务业均与制造业产品营销或供应有关。

旅游业发达,为世界第四旅游大国。旅游资源丰富,气候湿润,风景秀丽,文物古迹众多,有良好的海滩和山区,公路四通八达。旅馆多为中小型。主要旅游城市有罗马、威尼斯和佛罗伦萨等。旅游从业人员32万人。旅游业营业额达714亿美元,约占国内生产总值的6%。意大利是拥有联合国教科文组织世界遗产最多的国家(47个)。

交通基础设施较齐全。国内运输主要依靠公路,铁路、水路和航空运输也较发达。全国公路网总长65.5万公里,其中高速公路总计6661.3公里,铁路网总长19 394公里。全国有热那亚、那波利、威尼斯、的里雅斯特、塔兰托、里窝那、锡拉库扎等主要港口。

8. 教 育

著名大学有罗马大学、米兰"博可尼"大学、米兰理工大学、都灵理工大学、波伦亚大学、帕多瓦大学、那波利大学、比萨大学和佛罗伦萨大学等。

9. 新闻媒体

全国有各种报刊杂志52种。主要报纸有《晚邮报》《共和国报》《新闻报》《体育报》《24小时太阳报》《信使报》《今日报》《小报》，另外，还有一些地方报和主要政党的机关报。主要综合性期刊有《展望》周刊、《快报》周刊、《时代》周刊、《欧洲人》周刊和宗教性期刊《基督教家庭》。

安莎通讯社是意最大的通讯社。意大利广播电台有三套节目，年播音1.8万多小时；有三个电视台，年播节目6000小时。此外，意还有大量私营广播电台和电视台。

10. 内　政

2011年11月，在意大利主权债务形势压力下，意大利总统纳波利塔诺任命经济学家马里奥·蒙蒂（Mario Monti）为总理，组建以无党派背景的专家为主的技术政府。2013年2月24—2013年2月25日意提前举行议会选举。中左联盟虽在参众两院取得多数席位，但不足以单独组阁，意大利的政治此后陷入僵局。4月23日，意大利总统纳波利塔诺举行各个党派政治磋商，中左联盟、贝卢斯科尼所在的中右联盟和蒙蒂联盟最终同意组成"大联盟"政府，属于中左联盟的莱塔24日被任命为新总理并负责组阁。

11. 外　交

意对外政策基本点是立足欧洲，积极参加欧盟建设，促进欧洲一体化进程；依靠北约，重视发展跨大西洋盟友关系；强调联合国在建立国际新秩序和解决地区冲突中的主导作用，积极参加联合国框架下的维和与人道主义救援行动；主张世界多极化和加强地区性合作；主张通过对话解决地区冲突和南北差距，减免债务和增加对第三世界国家的援助；关注巴尔干半岛局势和地中海事务，积极推动中东和平进程；拓展同亚太地区国家的关系，强调维护人权。

12. 中意关系

　　中国同意大利之间的友好关系源远流长。早在古罗马时代，"丝绸之路"就已把中意人民联系在一起。中意两国都是文明古国，元朝时马可·波罗来华17年，他的《马可·波罗游记》首次向西方介绍了中国的文明情况。明朝时意大利传教士利玛窦来华，他同徐光启等合译了古希腊著作《几何原本》。清朝时又有朗世宁来华任宫廷画师，他的画作至今还收藏在故宫博物馆中。新中国成立后，1970年11月，中意两国正式建立了外交关系。2010年中意两国贸易额为452亿美元，同比增长44.5%。

意大利波托菲诺

灿烂文化

1. 古罗马文化

（1）文 学

古罗马文学使用的语言是拉丁语，流传下来最早的作品是戏剧。如喜剧作家普劳图斯（Plautus，公元前250-前184）的作品《孪生兄弟》和《一坛金子》，喜剧作家泰伦蒂乌斯（Terentius，公元前190-前159）的《岳母》和《两兄弟》寓言作家费德鲁斯（Phaedrus，公元前1世纪末—前1世纪中叶）的《寓言集》，其中包括130多首寓言。奥古斯都统治的帝国初期，被誉为文学的"黄金时代"。此时有维吉尔（Vergilius，公元前70-前19）的《牧歌》和《田园诗》，贺拉斯(Horatius，公元前65-前8)的《颂歌》四卷，奥维德（Ovidius，公元前43-前18）的《情诗集》《爱的艺术》和《变形记》。奥古斯都死后的200年，宫廷文学、趣味文学占统治地位，颓废倾向日益明显，文学上称为"白银时代"。主要有塞内加（Seneca，约公元前4-65）留下的9部取材于希腊神话的悲剧作品，如《美迪亚》《费得尔》《特洛伊妇女》，以及传记文学作家塔西陀(Tacitus，约公元55-120)、修辞学家昆体良（Quintilian，约公元35-100）留下的作品等。

米兰当代艺术博物馆

贴士

恺撒（Caius Julius Caesar，公元前100-前44）古罗马统帅。他用八年时间征服了高卢全境，并写下《高卢战记》，成为儿童学拉丁文的启蒙读本。

西塞罗（Marcus Tullius Cicerone，公元前106-前43），古代罗马政治家、哲学家。他热衷于恢复共和国，著述甚丰，文体流畅优美，一直被人传抄，视为人文主义经典，如《论共和国》《论老年》《论友谊》《论义务》等，千年流传不衰。西塞罗是安东尼的政敌，晚年被杀。

维吉尔（Publius Vergilius Maro，公元前70-19），古罗马帝国"黄金时代"的第一位重要诗人。但丁在《神曲》中把他作为向导。作品有《牧歌》十篇，歌颂田园的宁静和优美，带有浓烈的乡土气息。然后又写了《田园诗》四卷，他能微言大义，在平淡中引人深思。他曾说："有什么比阅读和写作更令人愉快呢？我们可以了解古代的事情，作家通过写作同未来的人谈话，我们可以利用过去、现在和将来的时间。"

（2）建 筑

古罗马建筑的特征除借鉴希腊的柱式（多立克柱式、爱奥尼亚柱式、科林斯柱式）和正面的上方使用三角形山墙以外，还创造了自己的穹顶建筑和拱形结构，在万神庙、古罗马斗兽场、高架引水渠、公共浴场等遗址中都能看到。拱形结构能承载更大的重量，并且古罗马人还发明了混凝土，这使修建高大宏伟的建筑成为可能。他们在城市的中心修建广场，周围是公共设施，城市间通过一定宽度的大道相连接。修建奥古斯都广场几乎用了40年时间，其中心是"战神之庙"，装修极其豪华。皇帝奥古斯都曾说："要把砖土的罗马变成大理石的罗马。"在建筑理论方面留下了著名的维特鲁威的《建筑十书》，这本书总结了古希腊罗马时代的建筑经验。

贴士

古罗马著名建筑家

奥古斯都(即屋大维,Augustus,公元前63-14),是罗马帝国首任皇帝。古罗马人用从希腊人那里学来的建筑知识,大兴土木。如规模巨大的竞技场、凯旋门、公共浴室、高架引水渠、万神庙、立柱回廊、宫殿和多条平坦笔直的大道。至今从那些残垣断壁,仍可以想象昔日的辉煌。他说:"要把砖土的罗马变为大理石的罗马。"

(3) 雕 塑

意大利盛产大理石,尤以费拉拉所产质地最优,洁白如玉。意大利与希腊比邻,在古罗马时代就深受古希腊文化影响,后来又经历了文艺复兴和巴洛克艺术时期,所以留下的雕塑甚多。如帝国时期修建的《和平祭坛》上面的精美浮雕,其中保存完好的一幅"大地女神哺育万物"是新古典主义的代表,对后世产生了深远影响,还有如描述帝国军旅生活的《图拉真圆柱》,是极其珍贵的历史文献。公共场所的雕像体积一般都比较大,甚至比真人大两三倍,远远望去都能看见。雕刻的人物不少都是裸体或半裸体,在教堂里也是如此,神也同人一样流露出喜怒哀乐的表情。雕塑家继承和发扬了古代希腊罗马艺术中以人为中心的精神。古代希腊人生活简朴,崇尚思想和身体的完美,常常用完美的裸体雕像来表现神,如太阳神阿波罗、美神维纳斯等。古罗马人继承了希腊人的传统,影响最大的是《拉奥孔》《阿波罗》和《维纳斯》。

2. 文艺复兴文化

（1）文 学

但丁（Dante Alighieri，1265-1321），是意大利文艺复兴时期首位文学大师，恩格斯称他是"中世纪的最后一位诗人，同时又是新时代的最初一位诗人"。他的《神曲》对教会的腐败进行了尖锐的批判，进一步提出政教分离的思想，首次表现出新时期的人文主义世界观，同时又是涵盖当时各个领域的百科全书式的著作，他用俗语写《神曲》，促进意大利民族意识的形成。

彼特拉克（Francesco Petrarca，1304-1374），诗人，文艺复兴运动的先驱。被称为人文主义之父，与但丁、薄伽丘合称早期的文艺复兴"三杰"。他的《歌集》（Canzoniere）鼓励人们公开、大胆地袒露自己的内心活动和对爱情的追求，这在当时是冲破禁欲主义束缚的惊人之举。

薄伽丘（Giovanni Boccaccio，1313-1375），意大利文艺复兴时期著名小说家、人文主义者。代表著是《十日谈》（Decameron），叙述1348年黑死病流行时，十位青年男女到乡间躲避瘟疫，每日讲故事的情况，对教会的腐败进行了辛辣的讽刺和抨击，是一部现实主义巨著，对欧洲文学的发展产生重要影响。

以上三位大师的把人的思想从"神"的枷锁中解放出来的著作，在欧洲引起巨大反响。

当然还有许多其他重要作家的作品，如阿利奥斯多的《疯狂的罗兰》、塔索的《被解放的耶路撒冷》、马基雅维利的《君主论》等。

马基雅维利（Niccolo Machiavelli，1469-1527），历史学家和近代政治学的先驱。代表著为《君主论》（il Principe），认为君主为了达到目的，可以不择手段。后人将这种理论称为"马基雅维利主义"。他的名言是："只有用心观察过去的人，才能预见未来。"他把意大利衰弱的原因，归咎于对历史的忽视。

意大利布雷西亚新旧教堂

（2）建 筑

哥特式风格 于11世纪下半叶起源于法国，13-15世纪流行于欧洲。但这种风格主要表现为修建的教堂是尖拱顶、尖拱门，外墙有许多垂直的线条和尖拱券，镶嵌着彩色玻璃的花窗，造成一种"仰望天国"的神秘感。

文艺复兴风格 文艺复兴时期的建筑在于追求整体的和谐、稳定，力求对称，如柱式体系和其他结构（如圆拱）的广泛应用。但文艺复兴时期的建筑也有自己的创新，如透视法和严格比例关系的运用。如采用古希腊罗马时期的柱式结构；窗户和门为方形或半圆拱，不再是尖拱形；空间不再用装饰性图案和镶边塞满，而是让它空着。它给人以朴实大方、简洁和谐的感觉。装饰上恢复古代艺术的图案，如裸体小孩像、皇帝的侧面像、圆形浮雕、花叶、瓶罐、武器和战车等。简洁和谐的文艺复兴风格逐渐压倒了装饰繁琐的哥特式风格。引起这场建筑革命的带头人是布鲁内莱斯基。他设计的佛罗伦萨大教堂的圆顶给人以庄重、和谐的感觉。后来人们把这个教堂的建成作为文艺复兴建筑开始的标志。继布鲁内莱斯基之后，意大利又出了许多杰出的建筑家，如阿尔伯蒂、布拉曼特、米开朗琪罗、小桑加罗、设计"马达马宫"的拉斐尔、设计维琴察"圆厅别墅"的帕拉迪奥、设计威尼斯"圣马可图书馆"的桑索维诺等。

布鲁内莱斯基（Filippo Brunelleschi, 1377—1446），建筑家、雕刻家和画家。他发明透视法，引起美术界的革命。代表作为佛罗伦萨大教堂圆顶，被认为是文艺复兴时期独创精神的标志，开创了文艺复兴和谐匀称的建筑新风格。他自学成才，终身未婚。

(3) 雕 塑

意大利的其他城市也有收藏和展示雕像的习惯，在较大的广场上一般都能看到雕像。中世纪时天主教会禁止表现异教题材和裸体作品，但到文艺复兴时期又得到恢复。为了表现裸体的完美，艺术家认真研究了人体结构，雕塑和绘画逐渐走上了现实主义道路。因识字的人少，用形象表现思想易于传播。雕像一般都是只有一种颜色，没有眼珠，但正是色调的单纯和表情的淡泊构成它的美，头部与四肢各有重量，观众可以从四周观赏。一尊完美的雕像可以说是既高雅又通俗的艺术，无须深奥的文字解说，不同种族和文化程度的人都会感受到它体现的精神：如多那太罗的《圣玛德兰》所表现的内心忏悔，米开朗琪罗的《大卫》的英雄气概，《垂死的奴隶》对解放的渴望，《哀悼基督》展示的母爱之情。

米开朗琪罗（Buonarroti Michelangelo, 1475—1564），雕塑家、画家、建筑师和诗人。他把人作为关注的中心，其他都是陪衬，他的画充满雄健的裸体。他的代表作有《大卫》《最后的审判》《垂死的奴隶》等。他总觉得时间不够，老年时常夜不能寐，起床用纸做一帽子，上面插一蜡烛，腾出双手，继续工作。终身未婚，死在自己的工作室里，享年89岁。他的作品雄健有力，如"崇山峻岭"。

（4）绘　画

被认为欧洲绘画之父的乔托，是现实主义画派的先驱。西方中世纪绘画的主要特征是以神为中心，把人的肉体视为罪恶的根源，画中人物表情痛苦，鄙视尘世，向往天堂，充满禁欲主义气氛。到了文艺复兴初期，绘画虽仍以宗教题材为主，但从版画、肖像画和玻璃窗画上，已可以看到把耶稣抱在怀里的圣母脸上露出笑容，孩子充满着喜悦和显得生气勃勃。人和自然开始成为绘画的重要主题。画家们创造出的圣母已不再像面无表情的"女王"，而是更富于人情味的贤妻良母。与此同时，许多异教的和世俗的题材也纷纷入画，如波提切利的颂扬人世欢乐的《春》和拉斐尔的让许多古代哲学家、科学家聚会一堂的《雅典学院》。有的画家用充满青春活力的裸体妇女形象表现曾被视为"女妖"的维纳斯，这在当时不能不说是向宗教禁欲主义的大胆挑战。首先，画家们在技艺上精益求精，即便是艺术大师对自己的作品也不轻言"完成"。如达芬奇画《蒙娜丽莎》用了4年，米开朗琪罗画《最后的审判》用了6年。人们不满足庸庸碌碌的作品。其次，画家们都是为了生活而工作，有创新能力，工作勤奋。三是提倡竞争，如佛罗伦萨政府曾邀请达芬奇和米开朗琪罗在同一大厅的墙壁上作画（达芬奇的题

达芬奇的《蒙娜丽莎》　　　　　　　　　　　　圣家族

目是《安加利之战》,米开朗琪罗的题目是《卡辛那之战》),引起轰动。画家们为了得到荣誉,开始在自己的作品上签名,如把名字写在祭坛画的下面,当公众在教堂里看到作者的名字之后,他的知名度就大大提高。优秀的作品一旦成功,就可以带来更多的订货,从而在行业中形成一种创新的"动力"。

贴士

意大利文艺复兴时期的主要画派,14世纪时形成于佛罗伦萨,创始人为乔托,代表人物有马萨乔、波提切利、达芬奇、米开朗琪罗、拉斐尔。他们脱离宗教束缚,注意观察人与自然,研究解剖学、透视、人体比例、数学和光学等,为现实主义绘画打下了科学基础。但他们的作品大多数仍取材于宗教或神话,不是直接描绘当时的社会生活。

达·芬奇(Leonardo da Vinci, 1452-1519),画家、科学家、工程师和哲学家。他漂亮、文雅、和蔼可亲,有卓越的口才,信手即可编出寓言或十四行诗,喜欢即兴作曲,并在自制的银诗琴上弹奏出来,还习惯用左手写字作画。他说:"在不能应用数学的地方,就没有可靠性可言。"他死于法国,留下手稿7000多页。绘画方面的代表作:《最后的晚餐》(l'Ultima Cena)和《蒙娜丽莎》(Monna Lisa)。他说:"绘画就是哲学,因为它要表现事物运动中的瞬间情况。""我看见燕子在飞,并且停在画的铁丝上。"他的作品发人深思,如"深邃的海洋"。

拉斐尔(Raffaello Sanzio di Urbino, 1483-1520),画家、建筑师。37岁去世,但留下了不少传世珍品,如《西斯廷圣母》、《雅典学院》《教义的争论》《披纱女子像》《椅子上的圣母》和《利奥十世和红衣主教》等。死后被安葬在万神庙中。历史上把他和达芬奇、米开朗琪罗一起称为文艺复兴盛期的"艺坛三杰"。他笔下的女性楚楚动人,如"秀美的原野"。

波提切利(Sandro Botticelli, 1445-1510),画家。创造出以线条为基础的明净画风。代表作有:《春》《维纳斯的诞生》《诽谤》,以及但丁的《神曲》一书中的插图等。

（5）科　学

伽利略（Galileo Galilei，1564-1642），物理学家、天文学家，近代实验科学的先驱。通过在比萨斜塔上做实验，否定了亚里士多德关于"物体下落的速度和重量成比例"的学说，建立自由落体定律。1632年发表《关于两种世界体系对话》，支持哥白尼的日心说，反对托勒密的地心说，遭到罗马教廷的迫害（最初监禁，后改为流放到阿切特里，直到去世）。晚年双目失明，仍坚持工作。

布鲁诺（Giordano Bruno，1548-1600），哲学家。他认为太阳只是太阳系的中心，并非宇宙的中心，在太阳系之外还有无数星体，因此宇宙是无限的，并没有中心，从而推翻了教会奉行的"地心说"，并对"上帝创世说"持怀疑态度，被指控为异端。遭宗教裁判所逮捕，在狱中8年，1600年2月17日在罗马鲜花广场被烧死。

比萨主教座堂

3. 近现代文化

（1）哲　学

克罗齐（Benedetto Croce，1866–1952），在当代意大利的思想界里，有两位对本国和世界影响最大的思想家，这就是克罗齐和葛兰西，二人虽然在许多问题上立场相反，却都主宰着战后的意大利思想界。克罗齐出生在那波利，是一位唯心主义哲学家，经历了两次世界大战和其间的法西斯统治时期，他主编《评论》刊物将近半个多世纪，一度成为自由党的领袖，留下了大量哲学、历史、美学等方面的著述，发表《反法西斯主义知识分子宣言》。他认为，只有在历史中才能找到真理，像自由、正义这些概念，根本无法脱离其历史背景或相关时间、地点而被抽象地理解。他把这称为"绝对历史主义"。

葛兰西（Antonio Gramsci，1891–1937），思想家，意共创始人之一，曾在法西斯的监狱里被关押了20年，写成六卷本《狱中札记》，在他去世后才发表。他认为，共产党无论在政治或文化领域都应保持领导权，他们的优势主要来自解决社会问题的独特能力。然而共产党不是靠武力征服，而是靠说服意大利群众，使他们相信共产主义道路比所有其他选择更优越。

意大利威尼斯

蒙特城堡

他坚信文化永远是同阶级利益不可分的，意大利共产党应以底层阶级为坚实基础，用马克思主义意识形态代替中产阶级意识形态。

（2）文　学

生活于18世纪后半期的哥尔多尼（1707–1793），一生写了100多部喜剧。浪漫主义作家曼佐尼（1785–1873）的《约婚夫妇》，诗人莱奥帕尔迪（1798–1837）的名篇《致意大利》和《但丁纪念碑》，科洛迪（1826–1890）的《木偶奇遇记》，亚米契斯（1846–1908）的《爱的教育》，莫拉维亚（1907–1990）的短篇小说，卡尔维诺（1923–1985）的《意大利童话》以及现代埃柯的小说《玫瑰之名》等都是脍炙人口的作品。

莱奥帕尔迪（Giacomo Leopardi，1798–1837），是意大利最有影响的浪漫主义诗人。《致意大利》和《但丁纪念碑》是他的代表作，都写于1818年，他在诗中用辉煌的历史激励爱国者们要以但丁为榜样，为从异族奴役下解放而斗争。他的炽热的爱国热情，使他享誉意大利和欧洲。他的《无限》《致席尔维娅》等也都是传世名篇。

曼佐尼（Alessandro Manzoni，1785–1873）是意大利浪漫主义文学中最有影响的作家，代表作是《约婚夫妇》，描写一对农村青年在婚姻上遭到的不幸，他们穿越重重阻碍，终成眷属。反映了在外族统治下的意大利现实境况，并用纯正托斯卡纳方言写成，至今销量不衰，并产生了100多种语言版本。

威尼斯雷佐尼科宫

（3）雕　塑

卡诺瓦的《波丽娜·博尔盖塞》表现出的人体之美和大理石的"柔软"，还有贝尔尼尼的《被劫持的普罗塞比娜》，看了这些以后你会对雕刻艺术有更深的认识。

贝尔尼尼（Gian Lorenzo Bernini，1598-1680），佛罗伦萨人，但终身都在罗马工作，被公认为17世纪最伟大的艺术家，是唯一可以和米开朗琪罗相比的顶级大师。他是盛期巴洛克艺术的代表，任圣彼得大教堂总监达50年。代表作品有该教堂中的青铜华盖、宝座、柱廊广场，雕刻作品有《阿波罗与达夫妮》和《被劫持的普洛塞比娜》。他不仅是建筑和雕刻家，还精于绘画、音乐和表演，终年82岁。

（4）音　乐

意大利古代教育的"七艺"（语法、修辞、逻辑、算术、几何、天文、音乐）中就包含音乐，那里的人民豪爽热情，喜爱红酒和阳光，赞美爱情，热爱唱歌，街头小贩都常常放声高歌，《我的太阳》《重归苏莲托》这些名歌和高音C之王帕瓦洛蒂出自意大利都并非偶然。其实在帕瓦洛蒂之前还有歌王卡鲁索和世界第一男高音吉里。意大利是歌剧的故乡，人们所熟知的威尔第一生共写了29部歌剧。维瓦尔迪的小提琴协奏曲《四季》也是常演不衰的曲目。另一位意大利的音乐大师就是作曲家普契尼，他一生写了12部歌剧。

威尔第（Giuseppe Verdi，1813-1901），音乐家。19世纪上半叶是意大利民族复兴运动的高潮期，他的作品表现了强烈的爱国主义思想和反抗异族压迫的精神，优美的旋律使意大利歌剧达到一个新的高峰，代表作有《弄臣》《茶花女》《阿伊达》等。他幼时家境贫寒，未能上音乐学院。成名后他将自己的收入用于建立"安养之家"，为贫困的音乐家们提供一处休憩之所。

普契尼（Giacomo Puccini，1858-1924），音乐家，出身在卢卡，自幼就有音乐天赋，他的脍炙人口的作品有《波希米亚人》《托斯卡》《蝴蝶夫人》和《图兰朵》。65岁时因患喉癌去世。伯纳断言他就是威尔第的接班人。

在器乐演奏家方面不要忘记蜚声乐坛的帕格尼尼，他演奏《钟》《魔鬼的笑声》《狩猎》的技艺令人称奇。

意大利有享誉世界的米兰的斯卡拉歌剧院、那波利的圣卡尔洛歌剧院和威尼斯的凤凰歌剧院。还有制作小提琴的名城克雷莫纳，过去那里的提琴制作大师斯特拉迪瓦利制作的提琴，现今已是无价之宝。意大利也是摇滚乐的发源地之一，每年都举办圣雷莫音乐节。

(5) 科 学

托里拆利（Evangelista Torricelli，1608－1647），法恩扎人，物理学家，伽利略的助手，气压计的发明者。1643年，他认识到地球表面（包括海洋）是处于庞大的"空气洋"之下，对所有的东西都有一定的压力。他向一个四脚的玻璃管中注入水银，然后把它倒置在一个装有液体的容器中，观察到水银并未溢出，水银上方出现了真空，真空大小与大气压力有直接关系，其数据是可以测量和记录的。他还对流体力学做出了贡献，研究成果被称为"托里拆利原理"。但他英年早逝，去世时仅39岁。

马可尼（Guglielmo Marconi，1874-1937），科学家，博洛尼亚人，无线电通讯的发明者。当他20岁时听说德国科学家赫兹通过实验证明存在不可见的电磁波，他就想如何利用这些波来作为通讯工具。一年后在俄国物理学家波波夫的协助下，他制造出第一台无线电发射装置，向在山后的哥哥发出了信号。1937年7月20日，67岁的他在罗马去世时，全世界的电台都停播2分钟表示哀悼。

伏特（Volta，1745-1824），物理学家和化学家，出生在科莫，电池的发明者，年轻时他任高中物理教师。1775年他发明了起电盘，起电盘中有一个圆盘，通过摩擦产生静电，将一个金属板放在圆盘上时就被充电了。1800年的一天，他将不同的金属扎成捆放在浸于食盐溶液的布垫中间，制成第一个能产生直流电的装置。后来为纪念他，把电压的单位定为"伏特"。

费米（Enrico Fermi，1901-1954），物理学家，出生于罗马，21岁时他就通过关于X射线的论文，在比萨大学取得博士学位。由于他在原子研究方面的成果，1938年获得诺贝尔物理奖。但得奖后他就带着家人去了美国，因为当时意大利正是法西斯党当政，迫害犹太人，而他的妻子正是犹太人。1943年，他用中子轰击铀元素，产生了辐射，便同其他人合作在芝加哥大学建立了第一座原子反应堆。1942-1945年，在新墨西哥州参加了制造原子弹的"曼哈顿工程"。

（6）电　影

　　意大利美丽的自然风光，众多的古迹，是它拍片的有利条件。1905年的一部片子《攻陷罗马》，重现了统一意大利的历史事件。1913年的《卡比利亚》表现罗马与迦太基之间的战争，汉尼拔如何翻越阿尔卑斯山，以及罗马舰队的覆灭。意大利是文艺复兴发源地，意大利人还善于拍美术片，如《乔托》。第二次世界大战后，意大利电影出现反映战争创伤的新现实主义潮流，代表人物有德·西卡、德桑蒂斯、维斯康蒂、费里尼、杰尔米和安东尼奥尼。德西卡一生扮演了145部电影的角色，导演了30部电影，其中《我们生活中的日子》《沉沦》被认为是指出了现实主义的创作方向。《沉沦》说的是一个流浪汉如何四处流浪，坠入情网，最后犯罪杀人的故事，寓意深刻。还有《偷自行车的人》《罗马不设防的城市》《橄榄树下无和平》《大地在波动》《甜蜜的生活》等。这些电影常常只是提出问题，引起人们注意，很少给出答案，让人们去思考。即使是喜剧片，也不一味追求噱头。20世纪50年代是意大利电影繁荣时期，如《警察与小偷》《道路》《波河上的人们》都引人关注。维斯康蒂认为："电影是叙述事件中的人，而不是事件本身。"进入20世纪七八十年代，随着社会动荡加剧，也出现了一些反对腐败和揭露黑手党之类的电影，如《财富不是掠夺》中一位卑微的银行小职员发现，真正的窃贼不是关在监狱里为

电影《罗马假日》　　电影《父与子》　　电影《天堂影院》

电影《罗马假日》

生活所迫的小偷,而是资产阶级的肮脏把戏和发财手段。在经济衰退、制片成本高和门票上涨的情况下,电影业又受到电视、录相的冲击,逐渐式微,美国片充斥市场。这时品味不高的滑稽喜剧片应运而生,人们走进影院只为笑一笑,观众也以青少年为主。但是"星光依然闪烁",仍出现了一些好的电影,如《父与子》《爱的教育》《木偶奇遇记》。20世纪90年代以后又有一些优秀的电影,如《天堂影院》《影视圈》《云中深处》《亲爱的日记》等。

德西卡(Vittorio De Sica,1901—1974),电影演员和导演,他是战后意大利电影界新现实主义的代表人物。新现实主义者认为,电影应是一面镜子,正确而迅速地反映真实事件,不应加进任何夸张和美化。其代表作有《偷自行车的人》《米兰奇迹》《擦鞋童》《意大利式结婚》《故国梦》等,他的电影让人看后印象深刻,激励人心。他还在150多部电影中参加了表演。

(7)体 育

意大利体育水平比较高,历届奥运会的奖牌排名都基本在前十名之内。意大利的足球队是世界上最强的足球队之一,如意大利国家队、AC米兰队(属前总理贝卢斯科尼)、国际米兰队、罗马队、尤文图斯队（属菲亚特汽车公司）、都灵队、热那亚队、那不勒斯队等，知名度都很高。可以说各个城市都有自己的球队，它们每年分级进行循环赛，比赛在周末进行，特别是甲级联赛吸引着无数球迷。广播、电视还进行实况转播。足球比赛的巨额收入资助了意大利的各项体育运动。意大利国家足球队曾分别于1934、1938、1982、2006年，四次夺得世界足球赛冠军。此外在篮球、排球、摩托车、网球、拳击、赛车、自行车和赛马等方面，也都有较高水平。体育事业由国家奥林匹克委员会负责，它是一附属于政府旅游戏剧部的半官方性机构，其经济来源主要依靠出售足球彩票得来的收入，并受到财政部、国库部和审计院的监督。奥委会下属37个全国性的体育联合会，负责培训体育方面的专业人才和审批参加重大比赛的运动员名单。每项体育运动只能成立一个全国性联合会，在它的下面又拥有若干个体育俱乐部。

米兰足球

佛罗伦萨圣十字教堂伽利略墓

4. 意大利人中的佼佼者

意大利人在历史上虽然长期遭受磨难，统一的国家形成较晚，但是他们当中不乏对人类产生过重大影响的人，例如：

（1）诗人、文学家

但丁（《神曲》）、彼得拉克（《歌集》）、薄伽丘（《十日谈》）、阿里奥斯托（《疯狂的奥兰多》）、塔索（《被解放的耶路撒冷》）、哥尔多尼（《一仆二主》）、曼佐尼（《约婚夫妇》）、莱奥帕尔迪（《致意大利》）、福斯科（《墓地哀思》）、维尔加（《莺之死》）、科洛迪（《木偶奇遇记》）、亚米契斯（《爱的教育》）、卡尔杜齐（《新诗篇》）、邓南遮（《玫瑰三部曲》）、皮兰德娄（《已故的帕斯卡尔》）、蒙特莱（《境遇》《暴风雨及其他》）、黛莱达（《风中芦苇》）、达里奥·福（《一个无政府主义者的意外死亡》）、夸西莫多（《生活不是梦》）、莫拉维亚（《罗马故事集》）、卡尔维诺（《裸露的胸》）、夏侠（《前因后果》）。其中卡尔杜齐、黛莱达（女）、皮兰德娄、蒙特莱、夸西莫多、达里奥·福等6人，获得诺贝尔文学奖。

（2）画家、雕塑家

米开朗琪罗（《大卫》像）、达芬奇（《最后的晚餐》）、拉斐尔（《雅典学院》）、乔托（《犹大之吻》）、奇马布埃（《登上王位的圣母和圣子》）、提香（《乌尔比诺的维纳斯》）、波提切利（《春》）、多纳泰罗（《加塔梅拉塔骑马像》）、马萨乔（《纳税钱》）、乔尔乔内（《暴风雨》）、瓦萨里（《艺苑名人传》）、乔·贝利尼（《草地上的圣母》）、切利尼（《珀尔修斯》雕像）。

（3）音乐家、演奏家、歌唱家

克里斯多弗利（制作第一架现代钢琴）、威尔第（《茶花女》）、罗西尼（《塞尔维亚理发师》）、蒙特威尔第（《奥尔菲斯》）、维瓦尔第（《四季》）、斯特拉迪瓦里（提琴制作大师）、唐尼采蒂（《骗婚记》）、普契尼（《图兰朵》）、托斯卡尼尼、卡鲁素、帕格尼尼、帕瓦罗蒂。

（4）科学家、医学家

伽利略（物理学家、天文学家）、马可尼（发明无线电）、费米（参与制造原子弹）、伏特（发明电池）、斐波纳奇（引进阿拉伯数字）、托里拆利（发明气压计）、莫尔加尼（提出疾病与相关内脏致病有关）、法罗匹欧（发明避孕套）、法布里修（发表《胚胎的构成》）、马尔比基（首先用显微镜观察人体细胞）、弗拉卡斯特罗（提出细菌是传染病根源）、斯帕兰让尼（器官移植试验）、卡·高尔基（细胞学专家，曾获诺贝尔奖）、格里马尔第（发现光的衍射）、塔尔塔利亚（创建弹道学）、切萨尔比诺（《植物丛书16卷》）、路·波特（为现代肾结石碎石手术做出贡献）、卢里亚（《病毒学概述》，获诺贝尔奖），蒙特尔奇尼（研究神经生长因子，获诺贝尔奖）、杜尔贝科（提出战胜癌症的关键在于研究DNA）、比尼（发明治疗精神分裂症的电休克疗法）、塔利亚科齐（开创面部整形手术）、索布雷罗（发明硝化甘油）、卡尔达诺（建立代数学）。

（5）建筑师

布鲁内莱斯基（佛罗伦萨大教堂圆顶）、阿尔伯蒂（《建筑十书》）。

（6）思想家、历史学家、宗教人士

马基雅维利（《君主论》）、圭恰尔迪尼（《佛罗伦萨史》）、圣方济各（"圣方济各会"的创始人）、圣托马斯·阿奎那（《神学总论》）、波修斯（《哲学慰藉》）。

（7）政治、军事人物

马志尼（复兴运动中的政治家）、加里波第（复兴运动中的军事家）。

（8）旅行家

哥伦布、维斯普奇、马可·波罗。

（9）电影导演、演员

费里尼（《甜蜜的生活》）、德·尼罗（电影演员）、帕西诺（电影演员）、贝托鲁奇（《末代皇帝》）、德·西卡（《偷自行车的人》）、维斯康蒂（《沉沦》）、马斯特罗亚尼（电影演员）、索菲娅·罗兰（电影演员）、泽菲雷利（《罗密欧与朱丽叶》）、卡普拉（《迪兹先生进城》）。

《罗密欧与朱丽叶》

悠久历史

在罗马帝国出现之前,伊特拉斯坎文明和萨姆尼乌姆(Samnium)文化于意大利蓬勃发展。古代意大利人是由不同部落融合而成,其中主要有拉丁人、埃特鲁斯人、日耳曼人、腓尼基人和希腊人。意大利南部还有许多古希腊遗址。这些部落在语言、文化上相互影响,但起支配地位的还是拉丁人。

1. 古罗马时期

古罗马时期（公元前8-3世纪）历经王政、共和、帝国三个阶段。共和国时期和帝国时期都各将近500年历史。

（1）王政时期

王政时期（公元前753-前510年）权力由国王、元老院和平民大会平分。罗马城建于公元前753年，包括七个山丘，故也称"七山城"，进入奴隶社会，罗马人（实际上是拉丁人）居统治地位。按财产居民分为五个等级，不列等级的称为"无产者"。每个等级向国家提供数目不等的军队单位（百人团）。

（2）共和国时期

共和国时期（公元前509-前28年），公元前509年驱逐了国王"骄傲者塔克文"，选举了执政官。共和时期的实际权力掌握在一小撮奴隶主贵族手里，共和国的主要机构有：奴隶主贵族会议、任期一年的执政官二人和百人团会议。百人团会议为立法机构，它制定法律、选举官吏和宣布对外战争。每一个百人团只有一票表决权，在全部198个百人团中，贵族阶级占98个，他们因此而操纵了会议。在古代罗马，政治权力只属于罗马公民，外来部落或非罗马人没有"公民权"。他们被称为"平民"，无政治权利，不能使用国有土地，只能从事商业和向

国家纳税。他们虽不是奴隶,但有丧失人身自由的危险。因此,罗马共和国的阶级斗争,主要是平民和贵族之间的斗争。公元前450年,制定了《十二铜表法》,平民权利正式写入法律。公元前264年,罗马与位于今突尼斯东北部的迦太基发生战争,公元前146年征服迦太基,把它的领土划为"阿非利加省",三万人成为罗马的奴隶。由于战俘奴隶大量增加,奴隶成为社会的主要生产者,奴隶和奴隶主之间的矛盾成为主要矛盾。西西里发生过两次奴隶大起义,公元前73—前71年发生了斯巴达克领导的大起义。一小撮奴隶主贵族已难以维持统治,这时共和国开始转变为帝国。

(3)帝国时期

帝国时期(公元前27—476年,即西罗马帝国灭亡那年),版图曾跨欧亚非三大洲。公元395年,罗马帝国分裂为东西两部,西罗马帝国亡于公元476年,东罗马帝国即拜占庭帝国,于1453年为奥斯曼帝国所灭。罗马帝国的历史是奴隶制经济进一步发展的历史。公元前27年,奥古斯都开始掌权,他被称为神圣的元首,终身执政官,一人掌握各种大权,说明对奴隶统治的加强。那时有30万军队,分驻各地,并由他委派驻各地的

罗马君士坦丁凯旋门

总督。帝国初期的二百年，局势相对稳定，经济发展迅速，海外商业扩大。但到公元3世纪，由于奴隶经常起义，农业生产萎缩，地方行省也出现叛乱，经济中心东移。公元330年，皇帝君士坦丁将罗马帝国的首都迁至拜占庭，并将此地改名为君士坦丁堡。公元395年，罗马帝国分为东西两部分。公元476年，由于奴隶起义和日尔曼部落入侵，西罗马帝国灭亡。在此期间，在地中海东岸的犹太人居住区，产生了原始基督教，宣传救世主思想，反抗罗马统治，要求互助和忍耐。随着帝国的分裂，基督教也分裂为东方的东正教和西方的天主教，后来为稳定局势，都分别被承认为国教。

2. 中世纪

从西罗马帝国灭亡到文艺复兴开始，即从奴隶社会瓦解向资本主义过渡为止的大约1000年的时间，大约从公元5世纪到15世纪，在欧洲历史上称为"中世纪"，其中又分为早期、中期和晚期。认为文艺复兴就是"再生"（rinascere），重现古代希腊、罗马的辉煌，而此前的时期是"黑暗的"，由此产生了"中世纪"概念。于是把欧洲通史划分为中世纪史和现代史，"文艺复兴"则被认为揭开了现代史的"序幕"。

西罗马帝国灭亡后，日尔曼部落建立了许多封建国家，其中法兰克王国最大，在意大利领土上则建立了东哥特王国（公元493—555）。公元前555年东罗马帝国皇帝查士丁尼力图复辟，派兵进入意大利，并且灭了东哥特王国。但另一支日尔曼部落伦巴第人，又在568年从北方进入意大利，并在北部建立伦巴第王国（公元568—774）。公元768年，法兰克王国的查理即位，四处扩张，于公元774年征服伦巴第，意大利北部又并入法兰克王国。查理的儿子"虔诚者"路易时期（公元814—840），帝国开始分裂，路易死后，三子争位。公元843年订立《凡尔登条约》，帝国一分为三：莱茵河以东为东法兰克王国（归日耳曼路易统治，又称日耳曼王国，大体相当于现代德国）；马斯河以西为西法兰克王国（归秃头查理统治，大体相当于现代法国）；其余包括意大利北部和中部的辖地继承帝号（归长兄罗退尔统治）。这样就奠定了现代德、法、意三国疆域的基础。罗退尔死后，意大利陷于分裂状态，北部称意大利王国，中部是教皇领地，南部和西西里初为东罗马帝国和阿拉伯所分割，后又为诺曼人所侵占。

到公元9、10世纪时，意大利的封建关系已基本形成。大部分土地已成为教会或贵族的领地，各地城市均依附于封建领主。意大利半岛处于东西方交通的中介地位，商业和海外贸易的条件十分优越，经济日趋繁荣。像威尼斯、热那亚、佛罗伦萨，都是地中海上联系东西方贸易的枢纽。威尼斯是一个商业共和国，政权由商人贵族把持，它拥有商船3000艘和一支强大的护航舰队。佛罗伦萨是意大利中部最大的手工业中心，商人逐渐代替贵族居统治地位，王权和教权的冲突也激烈起来，并发生了多次十字军东侵。意大利南部和西西里，也遭受外国入侵，公元827年阿拉伯人入侵西西里，11世纪诺曼人建立西西里王国，12世纪以后成为教皇和德皇争夺的对象；

威尼斯

米兰和平门

13世纪由法国占领；14世纪以后，长期遭受西班牙统治，经济发展缓慢。

3. 文艺复兴时期

14世纪在意大利相继出现了五个主要国家：那不勒斯王国、教皇国、威尼斯共和国、佛罗伦萨共和国和米兰公国。这些国家在性质方面大不相同，但就其政治上的重要性而言，大致相似。它们在15世纪期间共同控制着意大利的命运。

意大利的城市经济发展得比较早，14-15世纪就已经有了资本主义生产关系的萌芽，佛罗伦萨已是欧洲重要的工商业城市，随着经济繁荣之后，出现文学、艺术的繁荣。一些知识分子从古代希腊罗马的著作中去寻找现实主义因素，反对中世纪占统治地位的宗教神学，提出以人为中心的"人文主义"思想，产生了许多著名的文学家、艺术家和科学家，如但丁、彼特拉克、薄伽丘、达·芬奇、米开朗琪罗、拉斐尔、伽利略、马基雅维利、布鲁诺等，使意大利的绘画、雕塑、建筑、科学、文学和音乐在欧洲保持领先地位。文艺复兴开始于佛罗伦萨，而盛期的中心则在16世纪的罗马。

罗马万神殿圆顶

4. 近现代史

由于意大利地理上的特点，经济发展不平衡，南方的农奴制保持了较长时间，中部是教皇领地，北部和沿海有一些独立发展的商业城市。政治上不统一，没有强有力的中央政权，经常遭到外国入侵，意大利的南部和北部分别处在西班牙、奥地利的统治之下。因此，意大利近代史中最突出的问题是统一问题。

（1）复兴运动

复兴运动是意大利人民争取民族独立与统一的运动。1804年拿破仑称帝，并自封为意大利国王，取代奥地利的统治。这样，意大利在遭受西班牙、奥地利的统治之外，又加上了法国。拿破仑一方面改革教会、废除封建特权和关卡，另一方面又在意大利征兵、敛财和限制对外贸易，不准与英国做生意。1807-1809年在意大利出现了反对拿破仑的烧炭党人秘密团体。1815年拿破仑垮台后，意大利北部又落入奥地利的统治。特别是伦巴第和威尼斯两地直接并入奥地利，引起意大利人的强烈反对，1820年爆发了意大利革命，遭到了奥地利封建王朝的镇压。1831-1847年出现了马志尼领导的"青年意大利"派，第一次明确提出靠武力统一意大利，建立民主、平等

的共和国，结束外国统治，但发动的多次起义都遭失败。与此同时，又出现了以萨丁王国首相加富尔领导的复兴派，主张通过改良和改革建立君主立宪政府。他的主张占了上风。加富尔利用法奥之间的矛盾，与拿破仑达成秘密协议，法国帮助赶走奥地利人，意大利把萨瓦、尼斯让给法国。民族英雄加里波第率军打败了奥地利。意大利中部的许多小的封建王国，通过谈判，于1859年并入了萨丁王国。1860年西西里起义，反对西班牙统治。加里波第率千人"红衫军"远征西西里，使西西里也并入了萨丁王国。1870年，意在普法战争中支持普，普胜法败，迫使法从罗马撤军。但教皇仍控制着罗马。1870年9月，与教廷达成协议，教皇退居梵蒂冈。意大利王国首都由佛罗伦萨迁至罗马，实现统一。

（2）**第一次世界大战**

在第一次世界大战（1915–1918）中，意大利起初保持中立，后来才参战，站在英、法协约国一边。当时，因为意大利虽然同奥地利有领土纠纷，但表面上仍是"三国同盟"（德、奥、意）的成员。在渴望得到特伦蒂诺等领土要求遭到奥地利的断然拒绝后，在英、法许诺战后可以把意要求的领土给意的情况下，意大利在1915年5月参加了第一次世界大战，反对德

意大利米兰斯福尔扎城堡

国和奥地利,并公开宣布退出"三国同盟",加入协约国。协约国军队虽在1918年10月取得了最后胜利,但在三年半的战争中,意方损失惨重,特别是在1917年意军在伊斯特里亚北部大败,被俘30万。在整个战争中,意方死68万,伤150万,被俘65万。意大利虽作为战胜国之一,但在凡尔赛会议上,英、法事先给意许下的诺言并未完全兑现,意获得了特伦蒂诺、上阿迪杰、伊斯特里亚等地,但未得到所要求的菲尤梅和达尔马提亚。鉴于战争胜利,英获领土250万平方英里,法获100万平方英里,而意仅获10万平方英里,因此意的领土要求并未得到满足。战争使意大利实力消耗殆尽,经济千疮百孔,社会动荡不安,罢工此起彼伏。"一战"后,早在1882年就成立的社会党力量大增,1919年在议会中成为第一大党。与此同时,还相继产生了三大政党:斯图尔佐领导的人民党(1919),葛兰西领导的共产党(1921)和墨索里尼领导的法西斯党(1919)。

(3)墨索里尼统治时期

1919年3月,被社会党清除出党的墨索里尼在米兰创建"法西斯运动",主张摆脱布尔什

米兰布雷拉画廊

维克的威胁,"夺取地中海和大西洋的殖民地",变地中海为"意大利湖"。答应工人的八小时工作制要求,给农民以土地。法西斯分子穿黑衫,因此也叫黑衫党,由大资产阶级提供经费,发展很快。1919年投法西斯党票的只有4000人,1921年达178000人。1922年9月,法西斯党在那不勒斯开会,决定向罗马进军。1922年10月,墨索里尼夺取政权,组成政府。1923年镇压意大利共产党。1924年杀害社会党领袖马太奥蒂。1926年葛兰西入狱,判刑20年。法西斯开始集权,1925年法令规定,首相只对国王负责,不对议会负责;1926年法令规定政府有权制定和执行法令,这样议会被完全搁置一边。法西斯宣布并解散所有党派,罢工者为刑事犯。墨索里尼为了实现对外的扩张野心,1935年侵占埃塞俄比亚,1936年帮助佛朗哥在西班牙打内战,并建立"柏林-罗马轴心"。1937年意参加德、日的"反共国际协定"。1938年9月墨索里尼与张伯伦、希特勒、达拉第搞《慕尼黑协定》,导致德国占领捷克。1939年4月意侵略阿尔巴尼亚。1939年9月1日,德军对波兰的进攻,导致第二次世界大战爆发。当时意还未做好准备,直到1940年6月10日意才向英、法宣战。意参战的目的,是想夺取英、法在地中海和非洲的殖民地,并占领希腊和南斯拉夫。为此,1940年9月27日,德、意、日签订了《三国轴心协定》。10月出兵希腊,意大败。德军侵入希腊后才挽救意的危机。1941年4月,德、意侵略南斯拉夫。同年6月22日,德国侵略苏联,意大利也向苏宣战。斯大林格勒大血战,德、意大败。在北非战场,意也惨败。1943年6月英美联军在西西里登陆。

1943年以前,因受法西斯严酷控制,抵抗运动活动甚少。1941年成立抵抗运动委员会。1943年9月成立民族解放委员会。抵抗运动中,"加里波第支队"由意大利共产党领导,共有五百多个支队,1944年达到25万人左右。1943年9月意大利投降,各地爆发起义。德军进入意大利北部。那不勒斯人民起义，激战四天，赶走德军。英美联军从南到北，在萨勒诺登陆，进入那不勒斯。巴多里奥军政府转向英美。德国扶植墨索里尼在萨洛成立"意大利社会共和国"。1944年6月英美军队进入罗马。7月佛罗伦萨起义，被游击队解放。1945年4月意大利全国起义。在这种形势下，墨索里尼假装要同游击队谈判。乘机装成德军士兵逃跑，后被游击队抓住处决，他和他的情妇的尸体一起被吊起示众。

（4）战后重建

在这种情况下，艾玛努埃莱三世将他的王位让给他的儿子翁贝托二世后于5月9日乘船去埃及，1947年客死他乡。翁贝托二世是意大利最后一个国王。1946年6月2日，意大利举行决定国家政体的公民投票，投票结果主张建立共和国的占多数，意大利共和国宣布正式成立，并把6月2日定为国庆日。翁贝托二世于1946年乘飞机离开了罗马，从此结束了意大利王朝的统治。从1861年意大利王国成立到1946年废除君主制，共经历了85年时间。1861年王国的产生，只是意大利国家的诞生。意大利的完全统一是在1870年9月20日，当天法国军队从罗马撤军。

"二战"后意大利政局动荡，政府更迭频繁，平均不到一年就要换一届政府。其原因主要在于过去长期实行绝对比例代表制的选举制度，一个政党只要在一个选区获7.3万－8万张选票，即可进入议会，致使议会有十多个政党，但任何一党都未在议会取得半数以上多数，都必须同其他一些政党一起组成联合政府，共同执政。而主要执政党天主教民主党（前身为人民党，以下简称天民党）中，又存在若干个派系，因此任何一个小党或天民党中的某个派系不赞同某项主张，要退出政府时，都会造成政府危机。不过，政府虽然频繁更迭，但大权一直控制在天民党手中，大政方针无太大变化，这是动中有稳的一面。意大利政局的核心问题是意大利共产党的参政问题，它受战后东西方冷战关系的制约，意共虽为第二大党，但长期被排除在政府之外，被称为"不完善的两党制"。直到1996年4月大选时，已改名为左翼民主党（以下简称左民党）的意共，才获得参政资格。故意大利虽然党派众多，天民党、共产党和社会党这三大政党之间的矛盾和斗争，构成"二战"后至20世纪90年代初它们消失之前的意大利政局的主要特点。

米兰维克托·埃马努埃莱二世走廊

5. 当代意大利

进入20世纪90年代后，意大利经历了一场战后最深刻的经济和政治危机。1991年至1993年经济衰退，失业严重，黑手党猖獗，政界贪污受贿的丑闻不断。1992年2月，米兰市的地方官员社会党人基耶萨从一个企业家那里受贿700万里拉而被捕入狱，从此拉开了反贪污腐败的"净手运动"的序幕。在20世纪80年代末东欧巨变和90年代初苏联解体的背景下，过去以"反共"为借口，阻止第二大党意共参政已很难继续。在意共改名为左民党以后，天民党也改名为人民党。社会党也因深陷丑闻，一蹶不振。左民党在1996年4月的议会选举中，成为第一大党，经过50年在野之后，终于取得参政资格，在传统政党消失或更名的同时，又出现了一些新党。如贝卢斯科尼创建的"新力量党"，原"意大利社会运动—国家右派"更名为"民族联盟"，北方中小企业主组建了"北方联盟"，以及从原意共中分裂出来的"意大利重建共产党"。

罗马人民圣母堂

探戈

风俗习惯

1. 热情好客

意大利人性格开朗,热情好客,见面问候,容易交谈。非常注意见面时打招呼,即使是刚分开不久,所以"Buon giorno"(早上好),"Buona sera"(晚上好),"Buona notte"(夜里好),用得非常多离开时要说"Arrivederci"(再见),熟人之间简单说个"Ciao!"(你好、再见)就可以了。一天不知要说许多遍。见面时有拥抱、握手的习惯。一般称呼为先生(Signore)、夫人(Signora)、小姐(Signorina)等。表示尊重用"您(Lei)",比较熟悉的人"你(Tu)"。意大利人的名字由两部分组成,前面部分为名,后面部分为姓,一般称呼名,表示尊重时称呼姓。如果你问路,都会为你仔细指点。

2. 讲究实用

有人说英国人讲绅士派头,坐火车两人对坐,他拿一张报纸看,如你不招呼他,他是不会搭理你的;但意大利人则会主动招呼你,无论你什么身份,都容易同你聊天。又说德国人的头是"方的",办事认真;而意大利人的头是"圆的",比较灵活。法国人很浪漫,但意大利人也毫不逊色。美国人独立自由,在餐馆吃饭时大声说笑,旁若无人;意大利人热情、灵活,讲究实用,也许受马基雅维利的影响较大。住宅里每件东西,必有其用途。会见客人,十分注意形象。同意大利人在一起,有点无拘无束的感觉,他们比较随便。在一般性的交往中,约会也往往不准时;有时很热情地答应你的事,事后却容易忘记。

4. 常去教堂

意大利人绝大多数是天主教徒,因为是天主教家庭,小孩一生下来便受洗礼成为教徒。他们常去教堂听弥撒,做忏悔,特别是中老年人。意大利的教堂比比皆是,体现不同时期的建筑风格,有的壮观,有的朴实,内部庄严肃穆,墙壁上都有讲述圣经故事的壁画。天主教有"十诫",对信教的人思想上有约束,做错了事要忏悔,忏悔室像电话亭一样,有各种语言。忏悔者跪在外面,神父在里面,中间隔着帘子,忏悔者通过小

窗口倾诉内心的苦衷，神父则根据《圣经》给以指点，起心理辅导和安慰的作用。但也有迷信现象，如说某地的圣母雕像的眼睛流出了血泪，一时便有不少人相信，炒得沸沸扬扬。有些人相信街边摆摊的占星术、电子算命等。

5. 饮食习惯

正餐一般都是三道菜，包括主食、肉类、蔬菜，实行分餐制，有时外加甜点、水果就够了。以面食、鱼类、牛肉、奶酪、西红柿、蔬菜、橄榄油为主。席间主要喝葡萄酒，不劝酒，属地中海饮食，比较清淡。早餐一般是牛奶咖啡、面包等。正式宴会主人要讲话，客人要答谢。晚餐比较正式，常当作联络感情的方式，他们用长条形的饭桌，同左右和对面的人讲话都很方便，不用大声，边吃边聊天，时间比较长。意大利人爱喝咖啡，大街小巷都有咖啡馆，有的人早上不吃早饭，喝杯咖啡就可以了。工作间休息和饭后也是喝咖啡时间。咖啡馆也是交际场所，交友、聊天都可以在那里。常喝的有小杯的浓咖啡（espresso）和牛奶咖啡（cappuccino）。

意大利佛罗伦萨圣母百花大教堂和乔托钟楼

6. 爱好艺术

意大利人由于有文艺复兴传统，喜欢艺术品收藏，家里的装修和布置也比较讲究。重视古迹的保护，那怕是颓垣断壁，一砖一瓦，只要是古代留下的东西，都尽量按原样保存下来。许多城市仍然保留着中世纪的面貌，一个美国小孩在旅游中跟他的父亲报怨说："到意大利总是看老房子。"在许多领域，大到建筑、汽车设计，小到服装、装饰品，至今仍保持着工艺技术方面的创新势头。

7. 服饰多样

意大利时装发展拥有悠久的历史，被认为是世界上最重要的地区之一，与法国时装、美国时装、英国及日本时装并列。米兰、佛罗伦斯和罗马是意大利的主要时装之都。在一些重要场合，如招待会、音乐会，男士要穿深色西服，女士要化装打扮，佩戴首饰；进梵蒂冈大教堂，女士不能穿长裤，只能穿裙子等。人们喜爱个性化着装，不喜欢穿同别人一模一样的衣服。

8. 热爱家乡

意大利人传统的家庭和乡土观念比较强，有的人甚至把出生地作为他们的姓，例如列奥纳多·达·芬奇（Leonardo da Vinci），其中的"芬奇"是个小镇的地名，"达"表示出生自那里的意思。他们外出旅游，每到一地都首先想起给家人打电话，给亲友寄明信片。许多子女成年后都常和父母住在一起。家里吃晚饭的时间比较长，全家团聚，其乐融融。《家庭》杂志是全国销量最大的杂志。

威尼斯狂欢节

城市介绍

　　意大利，一个轮廓图像高跟靴子的国家，拥有悠久的历史。在这里除了古罗马时期、文艺复兴时期的文明城市，那些在阳光下的海边村落、充满古朴风韵的中世纪小城，同样不容错过。

圣彼得大教堂

1. "永恒之城"——罗马

罗马（Roma）是意大利的首都，人口277.4万（2011）。因建城历史悠久而被称为"永恒之城"。罗马位于意大利中部拉齐奥（也叫拉丁姆）区的台伯河平原上，濒临第勒尼安海的一侧，台伯河经此入海。罗马多山地和丘陵，是古罗马文明发源地。向西南距离海岸仅五公里。历史城区被列为世界文化遗产。年平均气温15.5摄氏度，每年4月至6月气候最为宜人，7月和8月是最热和最干燥的季节，8月的日最高气温可以超过32摄氏度，人们习惯出去避暑度假。9月中旬至10月是最晴朗的季节。罗马具有特征的树木是树冠如伞的五针叶松。山坡上大部分时间都盛开着黄色和绿色的金菊花。

（1）母狼哺婴

罗马城徽为一母狼喂养两个小孩，这里有一段广为流传的民间故事：传说在遥远的古代，特洛伊王子巴里德访问希腊，并诱走了皇后海伦。希腊人为此兴师远征，同特洛伊交战。但战事旷日持久，后来希腊人采用"木马计"才攻进了特洛伊城。爱神维纳斯的儿子埃内阿背着父亲和家眷以及少数市民，渡海逃到了意大利，在拉齐奥地区建立了一座新城。又过了大

约两百年，他们的继位人普罗卡国王死时留下两个儿子，长子名努米托雷，次子叫阿穆利奥。按父王命令，由长子继位，但次子心怀不满，篡夺了哥哥的王位，杀害了哥哥的儿子，并逼迫哥哥的女儿蕾娅去当祭司，让她终生不能结婚。有一次，她在溪边睡着了，战神马尔斯（Mars）为她的美丽所感动，同她发生了性关系，最后生下了一对双胞胎男孩。她的叔叔国王得知此事后，害怕孩子将来长大报复，便立即命人将两个孩子装在篮子里扔进正在涨水的台伯河中。一只到河边饮水的母狼发现了双胞胎，不但没有吃他们，而且还给他们喂奶。这两个男孩长大后便是罗莫洛(Romolo)和勒莫(Remus)，他们回去杀了国王，报了仇，然后又各自占山为王。由于他们血液中的"狼性"，不久哥哥罗莫洛又把弟弟杀了，并以自己的名字建立了罗马城，他便是首任国王，开始了古罗马的王政时代。

历史学家们认为，罗马城真正形成是在公元前6世纪，由周围的游牧民族聚居而成。罗马的历史起于王政时代（公元前753－前509），实行非世袭的君主制。公认的罗马建城日期是公元前753年4月21日。

罗马共和国广场

（2）罗马四多

罗马有四多：第一是古迹多。如古罗马废墟（il Foro romano）、古罗马斗兽场（il Colosseo）、万神庙（il Pantheon）、君士坦丁凯旋门（Arco di Costantino）、卡拉卡拉浴场（Terme di Caracalla）、圣天使城堡（Castel Sant'Angelo）、地下古墓（Catacombe）等。

第二是教堂多。罗马的主要宗教是罗马天主教，地处罗马西北角的梵蒂冈又是教皇所在地。全城大约有600座教堂，而且四种建筑风格并存：公元1000年前利用古代神庙改建的"巴西利卡"式，中世纪（1100-1200年间）建筑的罗马式，1400-1500年间的文艺复兴式，以及1600年以后的巴洛克式教堂。其中最大的有四座：圣彼得大教堂（la Basilica di S.Pietro）、圣玛利亚大教堂（la Basilica di Santa Maria Maggiore）、拉特兰圣约翰大教堂（la Basilica San Giovanni in Laterno）、圣保罗教堂（la Basilica di San Paolo fuori le mura）。

第三是雕塑多。除收藏较多的博物馆外，在街头、广场、

罗马人民圣母堂

罗马特莱维喷泉

公园、教堂、公墓、私人住宅甚至办公大楼里都能看到,有些教堂则因有著名雕像而参观者络绎不绝。法国艺术史教授丹纳(Taine, 1828—1893) 在《艺术哲学》中说:"……后来罗马清理希腊遗物,广大的罗马城中雕像的数目竟和居民的数目差不多。便是今日,经过多少世纪的毁坏,罗马城内城外出土的雕像,估计总数还在六万以上。"在罗马除可以看到《掷铁饼者》《拉奥孔》这些古代珍品以外,还可以看到米开朗琪罗的《母爱》和《摩西》,以及卡诺瓦(Antonio Canova, 1757—1822)为拿破仑的妹妹所雕刻的《波丽娜·博尔盖塞》、贝尔尼尼(Gian Lorenzo Bernini, 1598—1680)所作的《阿波罗和达芙妮》和《被劫的普罗塞比娜》。这些作品造型优美,其体积与真人相似。雕刻家不但以娴熟的技艺出色地表现了不同人物的表情:或沉静或悲伤或愤怒,并且细腻地处理了相关细节,如贴身如丝的柔软衣物、反映出身体重量的床垫、脸上流淌的泪珠和因用力搂抱少女而深掐柔嫩肌肤的手指等。伫立在这些雕像前,看见如此"柔软的"材料,会忘记它们竟都是用大理石雕刻的。贝尔尼尼是巴洛克时期雕刻艺术的最杰出代表。卡诺瓦则是19世纪追求宁静与庄重的新古典主义的雕刻家。

第四是喷泉多。罗马是一个喷泉之城，不论是在城市的主要街道、广场，还是大建筑物的庭院里，都有涓涓的流水。据有人统计，主要的喷泉就有一百多个，如特雷维喷泉（la Fontana di Trevi）、四河喷泉（Fontana dei Fiumi）、摩西喷泉（Fontana del Mosè）、乌龟喷泉（Fontana delle Tartarughe）、破船喷泉（Fontana della Navicella），此外还有女神喷泉、蜜蜂喷泉、海神喷泉等，而且在公园或道路的重要地方，即使没有喷泉，路边上也有一个不断流水的供游人饮用的水管。罗马是个缺水的城市，那么如此多的喷泉水从何而来呢？它们来源于古罗马水道（gli Acquedotti Romani）。罗马的博物馆也很多，大约有七十余家。其中最重要的有：罗马国立博物馆（Museo Nazionale Romano）、卡皮多里奥博物馆（I Musei Capitolini）、博尔盖塞美术馆（La Galleria Borghese）、梵蒂冈博物馆（I Musei Vaticani）、国立现代美术馆（la Galleria Nazionale d'Arte Moderna）。

（3）罗马值得一去的广场

罗马有几个广场值得一去：一是威尼斯广场（Piazza Venezia），二是西班牙广场（Piazza di Spagna），三是纳沃纳广场（Piazza Navona），四是鲜花广场，五是人民广场，六是共和国广场。

罗马纳沃纳广场传统圣诞市场

奥林匹克体育场举行的欧冠足球赛

（4）罗马公立大学

罗马共有三座公立大学。罗马第一大学（Università degli Studi di Roma La Sapienza）建于1303年，是欧洲历史最悠久的大学之一。罗马第二大学（Università degli Studi di Roma Tor Vergata）建于1982年。罗马第三大学（Università degli Studi Roma Tre）建于1992年。此外，还有天主教大学、美术学院、舞蹈学院、戏剧学院、音乐学院和艺术品修复中心等。

罗马市曾经于1960年举办第十七届夏季奥林匹克运动会，于1934年、1990年举办世界杯足球赛，罗马奥林匹克体育场坐落在城市的北部。足球运动是罗马市内最受欢迎的体育活动，有两家驰骋意大利和国际赛场的足球俱乐部，即罗马足球俱乐部和拉齐奥足球俱乐部。

（5）罗马著名人物

李维（Titus Livius, 公元前59-17年） 李维是古罗马历史学家和文学家，与奥古斯都皇帝交往密切，著有《罗马史》142卷，现存35卷。据李维的《罗马史》记载，其间共有七个国王，第一位便是罗马城的创始人罗穆卢斯。公元前509年罗马王政时代最后一个国王苏佩布，因暴政而被罗马人民驱逐以后，结束了罗马王政时代，建立起了罗马共和国（公元前509－前27年）。采用元老院、执政官和公民会议三权分立的制度。公元前264年至前146年，罗马经过三次布匿战争彻底打败了地中海西部大国迦太基，经过公元前215年至前148年的四次马其顿战争征服了马其顿并控制了希腊，又通过叙利亚战争和外交手段控制了西亚的部分地区，罗马发展成为一个横跨非洲、欧洲、亚洲和称霸地中海的大国。但是在公元前133年至前123年格拉古兄弟改革失败后，罗马共和国进入了不稳定时期，并在罗马内战（公元前133—前30）时达到高峰。

恺撒 恺撒在成为终身独裁官后施行了一系列的改革，并在公元前44年被暗杀。公元前27年，屋大维大权在握结束罗马共和国，进入罗马帝国时代（公元前27—476）。公元前1世纪，罗马已经成为一座拥有一百万人口的城市，进入鼎盛的时期，但由于热衷于建造宏伟建筑，罗马帝国开始走上了衰败之路。随着公元330年君士坦丁堡的建成，罗马也逐渐失去它的政治地位。

恺撒雕像

罗马先后遭到哥特人（公元410年）、汪达尔人（公元455年）和勃艮第人（公元472年）的入侵和洗劫。476年西罗马帝国正式灭亡，人口逐年减少，530年只剩下约10万人。罗马城更大的灾难是哥特人同东罗马帝国之间的战争，几乎所有水道都被破坏。公元8世纪至11世纪间又受到伦巴第人等的入侵。随着早期基督教的崛起，罗马也成为了天主教的中心。公元410年，西哥特王国国王亚拉里克一世率军攻陷罗马并大肆洗劫。公元476年西罗马帝国灭亡。在中世纪早期人口锐减到了仅仅两万人，昔日的繁华变成废墟。罗马在名义上成为了拜占庭帝国的一部分。756年，法兰克王国国王丕平把罗马献给了教宗，赋予教宗对罗马和周边地区的世俗管辖权，创建了教皇国，史称"丕平献土"。这给予了罗马新的政治角色，罗马作为教皇国的首都，一直持续到1870年教皇国被意大利王国吞并。

罗马除了在中世纪的一些短暂时期是独立的城市外，几个世纪中的大部分时间仍旧是教宗国的首都和"圣城"，即使在1309年至1337年天主教教廷从罗马迁移至阿维尼翁时也不例外。1527年神圣罗马帝国查理五世的军队侵入意大利焚掠了罗马，罗马不再具有政治力量，转而在罗马教廷的支助下成为了文艺复兴时期和巴洛克时代的文化和艺术活动中心。

意大利在1861年终于统一并成立意大利王国，罗马在1871年成为意大利王国的首都。1929年墨索里尼代表意大利政府和罗马教廷订立拉特兰条约，罗马教廷承认罗马作为意大利国家首都的地位，意大利政府则承认罗马教廷对梵蒂冈范围内的主权。

墨索里尼 赢得第一次世界大战的胜利后，墨索里尼在1922年10月进驻罗马，法西斯党上台掌权，罗马的人口飞速增长，从意大利统一时的二十一万两千增加到了超过一百万。第二次世界大战时，同盟国的轰炸和纳粹的占领使得罗马受到严重的破坏。墨索里尼被处死和第二次世界大战结束后，1946年的公民投票决定废除君主制，成立了现在的意大利共和国，罗马成为共和国的首都。

罗马现在的城市建筑规划，基本上是1870年意大利国王埃马努埃莱二世统一意大利后确定的。当时城市建筑以圆柱广场为中心，广场上坐落着上下议院，科尔索大道从旁穿过，两旁是高楼，人们称之为"老罗马"。罗马城外有一区叫EUR，称之为"新罗马"，那是墨索里尼时代建的，后来又修建了许多高楼，一些政府部门也迁到了那里。

罗马的工业产业集中在传统的纺织品和旅游纪念品，以及食品、医药、机械、造纸和冶金等新兴的行业。旅游业是罗马的支柱产业之一，同时罗马还是影视业的重要基地，经常成为电影的拍摄地和场景地，如《不设防城市》《罗马假日》《平民天后》等。

《罗马假日》

威尼斯

2. 水上城市——威尼斯

威尼斯（Venezia）最初建立在公元5世纪，当时是为了躲避北方蛮族的入侵，半岛上的居民来到这里。公元9世纪以后，威尼斯发展为城市国家，逐渐占据了亚得里亚海的东岸。13世纪末，威尼斯已经变成全欧洲最繁荣的都市之一。城市由大议会管理，然后选出一位公爵（doge），成为威尼斯的领导人。15世纪达到全盛时期，成为强大的海上共和国，地中海贸易中心之一，威尼斯商人足迹遍布欧、亚、非三洲。十字军进行东征时也曾在这里集结，而且也是13至17世纪末一个非常重要的商业与艺术重镇。后来因为土耳其人对地中海东边的控制，自哥伦布发现新大陆，随着欧洲商业中心移至大西洋沿岸，开始衰落。1453年遭受土耳其人侵略，1575-1577年受黑死病传染，城市只剩下三分之一人口。拿破仑于1797年占领威尼斯，威尼斯共和国宣告灭亡，拿破仑将威尼斯交于奥地利统治。1848年爆发反奥地利占领者的起义，1849年取得胜利，1866年合并于意大利王国。

这座城市有"水都"之称。它既有独特的外貌，又有丰富的艺术宝藏。是威内托区首府，亚得里亚海西北岸重要港口，马可·波罗的故乡。主城区建于离岸四公里的海边浅水滩上，平均水深1.5米。由118个小岛组成，并以177条水道、401座桥梁连成一体。因海拔高度为0，经常因涨大潮而被水淹。城市分为六个区（多尔索杜罗区、圣马可区、圣十字区、卡纳雷吉欧区、圣保罗区与城堡区）和穆拉诺、布拉诺小岛。中心区街道狭窄，为步行区。威尼斯原与大陆相隔，1846年建成了铁路大桥，桥长3600米，在桥头上建了火车站。现在有铁路、机场与外地相连。历史上威尼斯的纺织业、造船、化工、食品、手工业都比较发达。现代主要是以商业和旅游业为主。中心区的小巷中散布着商店和传统手工艺作坊。

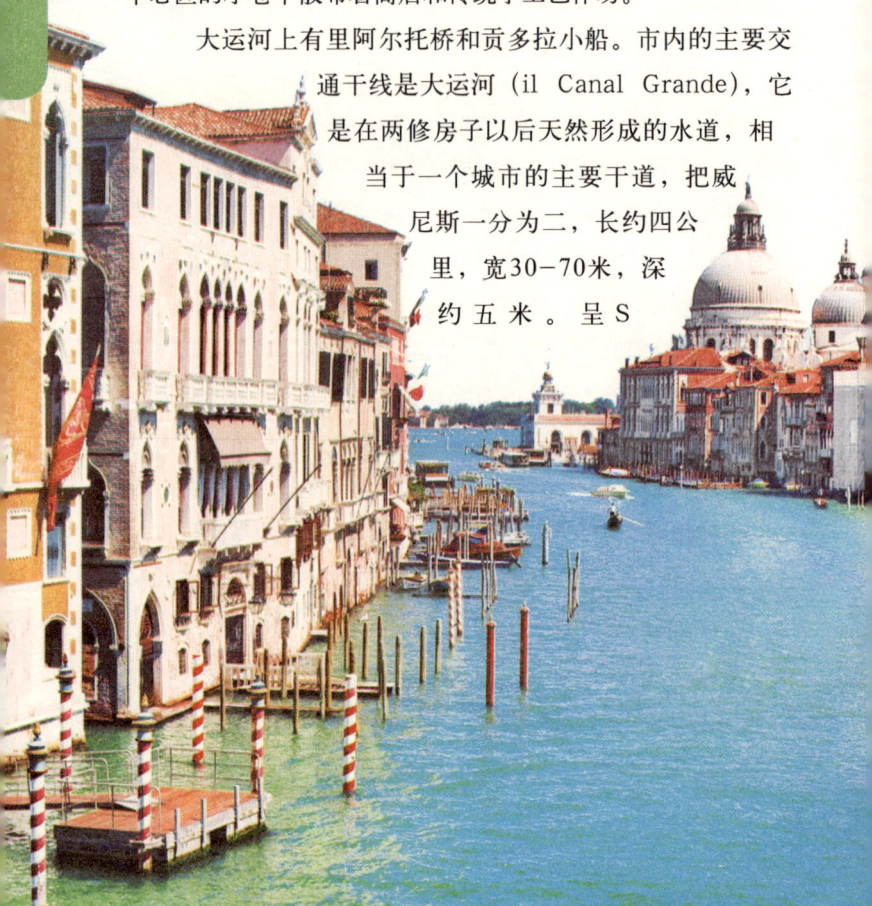

大运河上有里阿尔托桥和贡多拉小船。市内的主要交通干线是大运河（il Canal Grande），它是在两修房子以后天然形成的水道，相当于一个城市的主要干道，把威尼斯一分为二，长约四公里，宽30-70米，深约五米。呈S

形,贯穿整个城市。河中有几路公交船(Vaporetto),设立了二十多个码头,相当于城市的公交车站。另外还有一种一人划的头尾翘起的小船——"贡多拉",以及小汽艇供游人租用,它们相当于城市里的出租车。这里看不到汽车,大部分地方,特别是夜里十分安静。听人开玩笑说,这里没有小偷,主要是逃跑不方便。大运河也是一条主要观光路线,它的两岸有大量不同时期的豪华建筑和教堂,如文艺复兴式建筑卡莱尔季宫(Palazzo Calergi),德国作曲家瓦格纳于1883年在这里去世。巴洛克式的建筑佩萨罗宫(Palazzo Pesaro),现在是现代艺术博物馆。哥特式的外墙贴上金铂的黄金宫(Ca´d´Oro),其中收藏着文艺复兴时期的雕塑和绘画,特别是提香的绘画。新古典主义的建筑格里马尼大厦(Palazzo Grimani),现在是上诉法院所在地。哥特式建筑弗斯卡里大厦(Ca´Foscali),它有两个敞廊和六道拱门,现在是威尼斯大学所在地。还有学院画廊(Galleria Accademica),那里集中收藏着文艺复兴时期威尼斯画派的名画。圣母玛利亚健康

意大利威尼斯

大教堂（Chiesa di Santa Maria della Salute），这是为感谢在瘟疫病期间圣母的拯救。始建于1759年的外形古怪的威尼尔宫（Palazzo Venier），主要收藏新抽象主义和超现实主义画家的作品。土耳其商馆（Fondaco dei Turchi）用彩色大理石双层廊柱建成，由于内部装饰豪华，是15世纪时贵宾下榻的地方，后改为土耳其贸易中心。大运河上最著名的古桥是里阿尔托桥（Ponte di Rialto），站在桥上可以欣赏到弓形的大运河两岸美景，这座桥建成于1592年，曾作为欧洲的商业中心达300年之久。莎士比亚在《威尼斯商人》中提到过，说它是商人和放高利贷者的聚集地。这个石桥的特点是中间有两排商店，两边是人行道。它与佛罗伦萨的古桥正好相反，那里两旁是商店，中间是人行道。

正对着大运河的是圣马可区，威尼斯人在此建造了圣马可广场（Piazza San Marco），它是威尼斯的政治和文化中心。广场东侧是圣马可大教堂和钟楼，西侧是执政官宫和图

威尼斯里阿尔托桥

书馆，北边拱廊下有着各式各样的精品店，南边通过小广场面朝蔚蓝色的大海。广场上以成排的咖啡桌、悠扬的室外音乐、阳光下围成群的鸽子和晚间卖自制的小风景画摊贩，吸引着游人驻足。拿破仑称它为世界上"最美的广场"。圣马可大教堂(Basilica di San Marco)始建于公元829年，后被焚毁。现存建筑完成于1071年。与圣马可大教堂相连的是执政官宫(Palazzo Ducale)，它是历任威尼斯共和国执政官的官邸、政府所在地和议会大厅，现为博物馆。面对大海的广场上有一座时钟楼（Torre dell'Orologio）和一座钟塔（il Campanile）。广场西侧的索维尼亚图书馆（Libreria S. Soviniana）建于16世纪，17世纪大建筑师帕拉迪奥为它增添了拱廊和人物装饰，使它成为最精美的建筑之一。内有考古博物馆、国立图书馆和威尼斯的"旧图书馆"。连接执政官宫与监狱之间的一座石桥是叹息桥（il Ponte dei Sospiri），在圣马可大教堂附近有一座大石桥，叫马可·波罗桥，桥头一幢三层的小楼就是马可·波罗的故居。威尼斯的重要教堂还有圣方济会荣耀圣母教堂(Santa Maria Gloriosa del Frari)、圣乔治马焦雷教堂（San Giorgio Maggiore）位于圣马可广场对岸的圣乔治马焦雷岛上，这一建筑高大宽敞明亮，内有达·芬奇的名画《最后的晚餐》，还可以乘电梯到钟楼欣赏城市景色。希腊人的圣乔治大教堂（San Giorgio dei Greci）是传统风格的希腊式教堂，土耳其人在1453年攻陷君士坦丁堡后，许多希腊人来到威尼斯，他们在这里修建了自己的教堂。从屏风和走廊上的画可以看到当时的历史和时尚。圣母玛利亚奇迹教堂（Santa Maria Miracoli）被认为是威尼斯最美丽的教堂，这里把建筑、装饰、雕塑完美地结合在一起，当阳光照射到精美的玫瑰红、白色和灰白色大理石的壁柱和雕塑上时，美轮美奂。菜园圣母大教堂（Chiesa della Madonna dell'Orto）是一座始建于

菜园圣母大教堂

1365年的哥特式教堂,最初建造的目的是为了祈求圣母对航海者的保佑。威尼斯的绘画大师丁托列托就安葬在这里,里面有他的几幅最杰出的作品,如《圣母现身于神庙中》和《最后的审判》,前者画面上表现众多天使在灿烂的星光中去看望圣母,后者表现天使在惊涛骇浪中拯救迷失的灵魂。此外,还有圣约翰和保罗大教堂(Basilica di San Giovanni e Paolo)、雷佐尼科宫(Ca'Rezzonico)、蜗牛宫(Palazzo Contarini del Bovolo)等。威尼斯是艺术之城,学院画廊(la Galleria Accademia)和圣洛科大画院是威尼斯重要的古迹之一,收藏着丰富的艺术品。16世纪威尼斯就已成为欧洲的印刷业中心。油画布源自于文艺复兴初期的威尼斯。节日盛会有威尼斯双年展和威尼斯狂欢节。嘉年华会期间,许多威尼斯少年开始穿着颜色多样的紧身裤,以表明他们所属的是"裤子俱乐部"(Compagnie della Calza)。

3. 工业之都——米兰

米兰(Milano)是意大利北部最大的城市，人口数量仅次于罗马。它是欧洲通向地中海的重要交通枢纽；全意大利的工商业中心，在罗马帝国时期就已是繁忙的贸易城市。公元286年米兰取代罗马成为帝国的首都，直到公元402年。但到文艺复兴时期又恢复了活力。经过西班牙人（1535-1714）和奥地利人（1714-1859）统治之后，成为意大利王国的一部分。这是一座现代化城市，但又保存着大量的艺术遗产和名胜古迹。如市中心哥特式的米兰大教堂（Duomo di Milano）。大教堂广场上有一尊意大利第一位国王艾马努埃莱二世的骑马雕像，北面是艾马努埃莱二世长廊（Galleria Vittorio Emanuele II），它是一座新古典主义建筑，19世纪末为庆祝意大利统一而建，首次用钢材和玻璃作主结构，并以统一后首位国王的名字命名。艾马努埃莱二世长廊是一个豪华的购物中心，中央圆顶高

米兰大教堂

达47米，呈十字形，有许多名牌商店。四个边分别代表欧洲、亚洲、非洲和美洲。它连接着大教堂和和斯卡拉广场。长廊的另一边通向也是新古典主义风格的斯卡拉歌剧院（Teatro alla Scala）。新古典主义（Neoclassicismo）是18世纪末至19世纪初在欧洲流行的美术风格，它力求恢复古代希腊、罗马的美术传统，主张明确、平衡和简洁，反对巴洛克和罗可可那种复杂而带运动感的适合贵族口味的形式。在圣母玛利亚感恩教堂（Santa Maria della Grazia）隔壁的温恰诺餐厅（Cenacolo Vinciano）的墙壁上，绘有达·芬奇的名画《最后的晚餐》（Cenacolo）。古迹有斯福尔扎古堡（Castello Sforzesco）、布雷拉宫（Palazzo di Brera）、圣安布罗焦教堂（Basilica di Sant Ambrogio）、安布罗焦图书馆和美术馆（Biblioteca e Pinacoteca Abrosiana）、圣欧斯托尔焦教堂（Basilica di Sant Eustorgio）以及纪念墓园（Cimitero Monumentale）。

米兰斯福尔扎城堡

佛罗伦萨花之圣母大教堂

4. 文艺复兴发源地——佛罗伦萨

佛罗伦萨(Firenze)是意大利中部的重要城市,托斯卡纳区首府,欧洲文艺复兴发源地。它四面环山,阿尔诺河流经其间,红瓦绿树,风景秀丽。古代最早在这里居住的是伊特鲁利亚人,罗马人打败伊特鲁利亚人以后,便在这里定居下来,取名为"鲜花盛开的地方"(Florentia)。过去也把它翻译为"翡冷翠"。1115年成为独立自主的城市。由于意大利处于地中海中部,扼守欧洲与东方贸易的要冲,12、13世纪工商业有了迅速发展。14世纪,佛罗伦萨的毛织业和银行业积累了大量财富,成为当时欧洲最富庶的地区,出现了手工业工场和资本主义萌芽,以神为中心的中世纪价值观受到批评,古代希腊罗马文化得到重新评价,以人为中心的人文主义思想开始传播。15世纪时大银行家美第奇家族在这里居统治地位,实行赞助文艺的政策,到洛伦佐·美第奇时,佛罗伦萨进入了极盛时代。在此背景下产生了人文主义的新文化运动——文艺复兴,后来在欧洲各地迅速传播。先后出现了许多文学、绘画、雕塑、建筑、史学和科学方面的大师,对后来西方文化的发展产生了深远影响。如但丁、薄伽丘、布鲁内莱斯基、乔托、波提切利、达·芬奇、拉斐尔、米开朗琪罗、多纳泰罗、圭恰尔迪尼、马基雅维利和伽利略等，都留下了不朽的作品。意大利统一时期，在1865—1871年之间，佛罗伦萨曾为意大利王国的首都。现在是意大利重要的文化旅游城市，每天的游客络绎不绝。经济以第三产业为主。有机械（例如伽利略公司（Officine Galileo）和新比隆公司（Nuovo Pignone）、化学、制药（例如礼来公司（Eli Lilly）、皮革、时装（例如古驰（Gucci））、罗伯特·卡沃利（Roberto Cavalli）、萨瓦托·菲拉格慕（Salvatore Ferragamo））、家具和印刷等工业。各种手工技艺，特别是木器家具与雕刻，珠宝工艺等。

佛罗伦萨是一个真正的露天博物馆，有着无数古迹和艺术珍品：如圣玛丽亚·德尔菲奥雷大教堂(Basilica di Santa Maria dei Fiori)、大教堂旁边美丽的乔托钟楼（Campanile di Giotto）、大教堂对面的洗礼堂（Battistero）、君主广场（Piazza di Signoria）、老宫(Palazzo Vecchio)、老宫左侧的兰齐敞廊（Loggia dei Lanzi）、老桥（il Ponte Vecchio）、皮蒂宫（Palazzo Pitti）。佛罗伦萨有许多美术馆和画廊，如：乌菲齐画廊（Galleria degli Uffizi）、巴杰罗国家美术馆（Museo Nazionale del Bargello）、学院美术馆（la Galleria dell Accademia）、伽利略博物馆（il Museo Galileo）。此外还有保存有贝阿托·安吉利科作品的圣玛尔谷国立博物馆（Museo Nazionale di San Marco），收藏有米开朗琪罗、多那太罗、洛伦佐·吉贝尔蒂等人的杰作的主教堂博物馆（Museo dell'Opera del Duomo）。

佛罗伦萨拥有为数众多的教堂，除前面介绍过的圣玛丽亚·德尔菲奥雷大教堂外，大的教堂还有新圣母玛利亚教堂(la Chiesa di Santa Maria Novella)、卡尔米内教堂（Santa Maria del Carmine）、圣十字大教堂（Basilica di Santa Croce）、圣洛伦佐大教堂（Basilica di San Lorenzo）。

6. 秀丽的阳光城市——那波利

那不勒斯以著名民歌《我的太阳》闻名于世。它濒临那不勒斯海湾，海拔17米，全城长约十公里，是地中海著名的风景胜地之一。它早在公元前5至前6世纪，是希腊的殖民地。公元前4世纪便已罗马化，成为坎帕尼亚的首府。罗马帝国灭亡后，为哥特人所统治，后来又纳入拜占庭帝国版图。1139年为诺曼底人所征服。1266年成为那不勒斯王国的首都。1442年开始阿拉贡王朝的统治。1504年又为西班牙所统治，它的经济、文化地位显得日趋重要。1707至1734年，那不勒斯王国受哈布斯堡王朝统治。波旁王朝从1734年对它进行统治，直到1860年意大利实现统一为止。由于历史的变迁，给它留下了众多的古迹：13世纪建立的马希奥城堡是该城市的象征；17、18世纪修建的皇宫；13世纪的哥特式大教

那不勒斯普罗奇达

堂；圣赫纳罗的巴洛克式小教堂；此外还有一些环境幽雅的修道院、陵墓、城堡，以及风光优美的小海湾、别墅公园，特别是俯瞰那波利海湾的美丽的卡波迪蒙特公园。那波利是重要的港口，商业是经济的主体。漫步于城中，礼拜堂、教堂以及巴洛克风格的建筑随处可见。你可以欣赏到古代的杰作，这其中包括耶稣诞生的画作（亚美尼亚的圣格里高利）。名胜古迹有新城堡（Castel Nuovo）及其中收藏描绘那不勒斯历史绘画的市立博物馆（Museo Civico）、与新城堡对应的老城堡——蛋形城堡（Castel dell Ovo）、那不勒斯王宫（Palazzo Reale）、国家考古博物馆（Museo Archeologico Nazionale）、圣杰纳罗教堂（Chiesa di San Gennaro）、庞贝古城（Pompei）、被火山掩埋的另一古城埃尔科拉诺（Ercolano）、卡普里岛（Isola Capri）、卡塞尔塔皇宫(la Reggia di Caserta)等。

7. 伽利略之城——比萨

比萨（Pisa）位于阿尔诺河边，佛罗伦萨的正西面，距利古里亚海约12公里。古时是罗马帝国的海军基地，13世纪时其繁荣达到顶点，成为托斯卡纳地区最大的城市，同中亚各大港口保持着密切联系。第二次世界大战时，遭受很大破坏。重要名胜古迹是奇迹广场（Campo dei Miracoli），它受到联合国教科文组织的保护。那是一组雄伟的白色大理石宗教建筑，包括圆顶大教堂（Duomo di Pisa），一座用黑白相间的大理石作正面的教堂，建于11-12世纪，青铜大门上有描述基督生活的浮雕。圆顶大教堂对面是洗礼堂，内有尼科洛·比萨诺设计的祭坛。祭坛左面是被称为圣城（Camposanto）的13世纪建立的墓地，据说那里的泥土是十字军从耶稣受难的山上运来的。

热那亚

8. 哥伦布之城——热那亚

热那亚（Genova）属利古里亚区，是意大利最大的港口城市，也是地中海第二大港口，仅次于法国马赛。古代它是罗马帝国的一个行政区，在中世纪它由主教、伯爵统治。11世纪以后，拥有了强大的海上力量，多次参加十字军东征。为争夺地中海地区的贸易控制权，先后同比萨和威尼斯进行过激烈的战斗。1298年，在一次与威尼斯的海战中，俘获了威尼斯的船长马可·波罗，他被关在热那亚监狱期间写下了《马可·波罗游记》，后来的热那亚人哥伦布从中受到启发，1492年率领三艘船从西班牙出发，一直向西，经过三个月，横渡了大西洋，终于发现了美洲。19世纪初，由于拿破仑的扩张成为法国的一部分。1815年被割让于萨丁王国，随着萨丁王国统一意大利，成为意大利共和国的一部分。热那亚的灯塔，高117米，1326年修建，是这个城市的象征。

热那亚城中的巴尔比大街（Via Balbi）和加里波第大街（Via Garibaldi）把热那亚分为两部分，一边是弯曲的古城街道，靠山的另一边是新城区。市中心在费拉里广场，广场中央有巨大的喷泉，周围有教堂、剧场、总督府等。16世纪在海军将领安德烈·多利亚的统治下，进入一个经济上的繁荣时期，贵族们纷纷修建了许多豪宅，形成了新街区和被列入《世界遗产名录》的罗利宫建筑群。

热那亚游览的景点很多，如多里亚·图尔希宫（Palazzo Doria Tursi）、白宫（Palazzo Bianco）、红宫（Palazzo Rosso）、圣洛伦佐大教堂（Catedrale di S. Lorenzo）、斯特涅诺公墓和巨大的水族馆，在那里可以看到海豚、海豹、鲨鱼以及形状各异的彩色鱼类。著名人物有哥伦布、帕格尼尼、马志尼。

贴士

古罗马著名航海家

哥伦布是意大利航海家，生于热那亚。他相信地球是圆的，可以自欧洲向西航行到达亚洲。在西班牙国王资助下，于1492年8月3日率船三艘，船员90人自帕洛斯港口出发，同年10月12日到达美洲巴哈马群岛，以后他又三次西航，到达美洲大陆沿岸，但误认为抵达印度。他到晚年几乎被人遗忘，贫病交加，抑郁而死，并不知道自己发现了一个"新大陆"。

热那亚

博洛尼亚阿西内利塔鸟瞰

9. 双塔城——博洛尼亚

博洛尼亚（Bologna）是艾米利亚—罗马涅区的首府，是意大利公路和铁路的交通枢纽，不仅是南北交通要道太阳能高速公路的必经之地，也是连接帕多瓦、威尼斯的重要通道。它建成于公元前6世纪，历经伊特鲁里亚人、罗马人、拜占庭人、伦巴第人和法兰克人统治，11世纪成为自由城邦。1513年成为教皇国的一部分。1859年并入意大利王国。博洛尼亚市政府的墙壁上挂满了几千名烈士的照片，他们都是历史上反抗侵略、保卫祖国的英雄。博洛尼亚不仅是个英雄的城市，也是个经济文化发达的城市。它是全国最重要的农业区之一，也是重要的商业贸易中心，每年举办的国际博览会就像米兰、巴厘岛一样，闻名各地。特别是这里经常举行的鞋业展览会，享誉世界。在文艺复兴时期，博洛尼亚涌现出许多艺术家，形成博洛尼亚画派。19世纪意大利的两位大文豪卡尔杜齐和帕斯科利都是博洛尼亚人。博洛尼亚大学是世界上最古老的大学，建于11世纪，最初以研究罗马法闻名，后来成为研究民法和宗教法的中心，吸引着欧洲各国的学生，包括在政府和教会任职的人，文艺复兴时期的诗人彼特拉克和波兰的天文学家哥白尼就在那里学习过。后者在那里用了三年半的时间学习数学、希腊文和柏拉图的著作。它的城市建筑仍保留着中世纪风貌，古建筑多为橙红色，街道两旁的人行道上有为行人免受日晒雨淋而设的柱廊。旧城以相连的马焦雷广场（Piazza Maggiore）和内图诺广场（Piazza Nettuno）为中心，两广场连接处是13世纪建造的恩佐王宫（Palazzo Re Enzo）和最高行政官宫（Palazzo di Podestà）。

10. 金盆地之城——巴勒莫

巴勒莫（Palermo）是西西里岛区的首府，位于西西里岛西北部，有"金盆地"（Conca d'Oro）之称。是一个诺曼底、拜占庭及伊斯兰三种建筑风格并存的城市，一些建筑物还具有浓厚的阿拉伯色彩，比如圆柱及墙壁雕刻。这个岛的魅力在于大街上可以看到不同肤色、不同宗教和不同语言的人，以及不同时代的建筑风格。主要景点有巴勒莫的王宫（Palazzo Reale）、主教堂（Duomo）和充满奇花异草的巴勒莫植物园。

11. 海峡城——墨西拿

墨西拿（Messina）是西西里岛上第三大城市，位于西西里岛东北角，墨西拿海峡的轮渡闻名遐迩。它是距离意大利半岛最近的一座城市，中间隔了一个长约33公里，宽3–16公里的墨西拿海峡。如果乘火车或汽车到西西里去，首先要从半岛最南端的卡拉布里亚乘轮渡过波涛汹涌的墨西拿海峡（未来将修建横跨海峡的大桥），欣赏典型的地中海风光，这也是到西西里的第一道景观。墨西拿被称之为通往西西里岛的"太阳之门"，这里确实阳光灿烂，天空、云彩、海洋、山脉、像镰刀一样的海湾，以及不同时期的古代建筑和现代建筑相隔其间，从不同的角度看都会感到不同的色彩和特点。这个城市在1908年曾遭到地震的巨大破坏，造成六万人死亡。参观的主要景点有主教堂（Duomo）与钟楼、奥立翁喷泉（La Fontana di Orione）等。这里还是文艺复兴时期的一位大画家安托内诺·达墨西拿（Antonello da Messina，1430–1479）的故乡，不少人通过他的画看到了墨西拿的美丽。特别值得一提的是，这里还出了一位在欧洲最早开始翻译和介绍中国儒家学说的人，他名叫殷铎泽（Prospero Intercetta，1625–1696），他作为传教士于1658年和1672年两次来华，并翻译了孔子的《中庸》，取名为《中国的政治道德学》。

主要名胜

意大利山水交融,人与自然和谐相处。世界八大古迹之一的古马罗斗兽场巍然耸立,古老的庞贝古城仍在诉说着历史的风云,雄伟的比萨斜塔依旧续写着它的传奇,朱丽叶之家依旧是人们聆听罗密欧与朱丽叶故事的理想场所,还有那些弥漫着文艺复兴气息的建筑,丰富的旅游资源,吸引了无数人前往。

罗马斗兽场

1. 古罗马斗兽场

　　古罗马斗兽场（il Colosseo）在罗马市中心，是世界八大古迹之一。公元72年由维斯帕西亚努斯皇帝开始建造，到公元80年提图斯皇帝将其建成。它是一个巨大的椭圆形剧场，最大直径为188米，地基深12米，宽51.5米，能容纳六万观众，用于观看角斗士格斗和斗兽表演。它由岩石和混凝土砌成，历时两千年，至今仍岿然屹立。它跟所有的罗马建筑一样，也是采用拱形结构原理，由许多大椭圆环和竖向的拱的系统组成。公元70年，提图征服了耶路撒冷，将十万俘虏带回罗马，其中四万名俘虏用了八年时间建造了斗兽场。俘虏在被卖作奴隶之前，有选择当角斗士的机会。在角斗中获胜的人可获得自由。角斗士搏斗时，场地上铺上沙子。而在斗兽时，场内摆上一些灌木丛、树木和小山等。现在还可以看到原先支撑木制地板的结构。在地板的下层是地牢和关野兽的地方。公元249年，罗马举行建城

罗马斗兽场

一千周年大庆，帝国统治者驱使一千对角斗士上台表演，共杀死大象、老虎、狮子、狼、野马等大动物二百余头。当时趁中场休息时间则安排处死人犯，而这样残忍的大众娱乐活动到公元523年才被完全禁止，最后共约有七十万人死于竞技场。公元442年和508年发生的两次强烈地震对竞技场结构本身造成了严重的损坏，加上15世纪时为了修建其他建筑，拆除了部分石料，所以形成现在残缺的状态。

2. 古罗马市场

古罗马市场（il Foro romano）在罗马的威尼斯广场和古罗马斗兽场之间，是古代罗马城市的中心区。原是一片沼泽地，后来干枯，成为一个市场，并且在周围逐渐修建起元老院、法院和庙宇等，成为了古罗马政治、经济和文化中心。后来，随着罗马统治地区的扩大，首都迁往北方，此地便变成了一片废墟。直到18世纪末，才重新得到发掘，成为一个露天博物馆。其中主要建筑物的遗迹有：埃米利阿宫、元老院、罗莫洛墓、恺撒庙、安敦大帝庙、凯旋门、罗莫洛庙和迪奥斯库里庙和讲演台等。埃米利阿宫为当时的财产检查官和省督埃米利阿于公元前179年所建。据称那是当时世界上最美的三大建筑之一。宫的正面朝南，东西长100米，全用大理石建成的两层建筑，上面布满雕刻，里面还有个长70米、宽29米的大厅。四周都是商业区，非常热闹。"元老院"那个地方，传说是罗马创建人罗莫洛第一次召集百人团会议的地址，后来演变成了元老院，也就是今天的参议院。它的外形高25米，宽15米，长35米，全部用红砖建成，里面有两块作为讲演台的巨大基石。元老们来自不同阶层。元老院在每年开会之初，都要站在讲台上的"凯旋神"脚下宣誓效忠于罗马帝国。距元老院不远处，就是罗莫洛墓，外表呈四方形，用黑色大理石砌成。旁边石柱上刻有古代文字："神圣之地，禁止非礼。"安敦皇帝和皇后庙

罗马古罗马广场

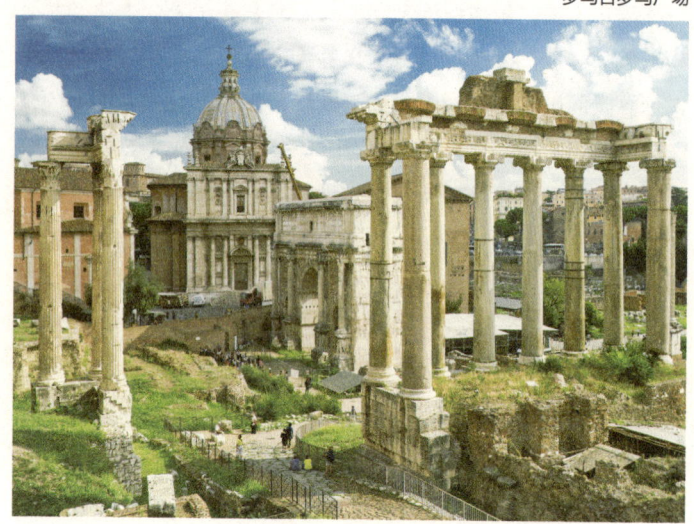

气势雄伟，门前的十根圆柱高达17米。恺撒庙是为记念恺撒而建。恺撒是古罗马共和时代最著名的领导人之一。他出生于公元前100年，从32岁起先后担任过会计官、营造官、大法官，深受人民爱戴。40岁时同庞培、克拉苏结成"前三雄"联盟。41岁当上了保民官，42岁任高卢（法国、比利时一带）省省督，不仅征服了全高卢，还将罗马的统治推进到英国。并且在战争中培养出一支忠于他的精锐部队。公元前53年克拉苏逝世。庞培因惧怕恺撒在高卢得势，便与元老院一起对付恺撒，导致二人关系对立。恺撒带兵返回罗马，庞培退往希腊，与恺撒交战失败后逃往埃及，并为部下所杀。庞培还是恺撒的女婿。

3. 地下古墓

地下古墓（Catacombe）和古罗马斗兽场、罗马水道一起被称为罗马最重要的三大古迹。罗马共有45个古墓区。因为地表面积有限，多数人也无钱修建陵墓，古罗马人便往地下深处挖墓穴，用白布包裹尸体放进墓穴里。地下古墓有五六层，用巷道连接，由不同的宗教人士看管。它不同于现在使用的公墓

(Cimitero)。最大的古墓有圣卡利斯托墓区和圣塞巴斯蒂亚诺墓区。此外，还有方尖碑、古城墙等古迹。

4. 特雷维喷泉

特雷维喷泉（la Fontana di Trevi）位于罗马市中心区，也称"少女泉"。是巴洛克风格的代表作。少女泉是因为泉上的一块浮雕表示一位少女正为想解渴的士兵指明泉水的所在而得名。它建成于1762年，高约26米，宽约20米，它是巴洛克风格的代表作，设计师是尼科拉·萨尔维。表现海神得胜的景象。海神尼普顿站在海贝上，迈着庄严的步伐，海贝由众海神和两匹海马拉着通过凯旋门。墙上的四位妇女代表一年中的四季。当地还有一个习俗，传说当参观者背对它向水池里投下一枚硬币，将来就有可能再次回到这里，所以池子里积累了许多硬币，它又被称为"许愿池"。

5. "真言之口"

"真言之口"（la Bocca della Verià）是用大理石雕刻的一张河神的面具，张着大口，古时用作安装在墙壁上的水道，后来传说说谎者将手伸进去就会被咬住，而讲真话的人就平安无事，因此旅游者纷纷去试。它位于科斯梅丁圣玛利亚教堂（Chiesa di Santa Maria in Cosmedin）钟楼下面的走廊上，该教堂建于公元8世纪，13世纪时增加了钟楼。

6. 庞贝古城

庞贝古城（Pompei）位于那波利东南23公里，坐落在距维苏威火山不到两公里的火山下。公元前79年8月24日下午1时许，火山突然爆发，传出震耳欲聋的响声，带着硫黄味的炽热火山灰和火焰腾空而起，形成遮天避日的乌云，顿时亿万吨火山灰在火光中夹杂着狂风暴雨从天而降，城里的两万多人口来不及逃生，便活活被火山灰掩埋，许多人窒息而死。古城被六七米厚的火山灰密封于地下，直到16世纪末农民种葡萄时才发现它的遗迹，1784年正式开始发掘。庞贝曾是古罗马的商业中心，有舒适的住宅、市场、商店、神庙、澡堂、妓院、剧院和体育场。这座古城被发掘出来，对研究人类文明史具有重大意义。

庞贝古城

7. 比萨斜塔

比萨斜塔（Torre Pendente）实际上是一座钟塔，是修建大教堂的第三期工程，始建于1173年，到12世纪中叶才完工。原设计为八层，高56米，但当第三层完工时发现，基础沉陷不均匀，工程师比萨诺虽设法补救，但仍无济于事，只好在倾斜状态下完工。现在看到它的高度为54.5米，呈7层拱廊装饰的圆柱形。偏离垂线约15米。内有294级台阶可登塔顶，但已基本上禁止游人登上去。据说现已停止倾斜，估计还可支撑200年。然而比萨诺未曾想到，正是由于塔的倾斜，才使之成为不朽之作。1590年的一天，著名物理学家伽利略拿着大小不同的两个铁球，在比萨斜塔上做了一次自由落体试验，证明不同重量的物体，只要所受到的空气阻力和风力等条件相同，就会同时落地，从而推翻了亚里士多德关于"物体落下的速度与重量成正比"的理论。

比萨斜塔

8. 圣玛丽亚·德尔菲奥雷大教堂

圣玛丽亚·德尔菲奥雷大教堂(Basilica di Santa Maria dei Fiori)即佛罗伦萨大教堂，是该城市文艺复兴时期的代表性建筑，1367年建成，正面用绿、白、粉红三色大理石镶嵌而成，内部呈拉丁十字形，高107米（外部高114米），进深169米，宽38米，成为城市的中心。特别是建筑师布鲁内莱斯基为它建造了一个不用支撑的大圆顶，高30多米，直径42米，当时在工程技术上是个奇迹。八根大肋拱组成八条白色的肋线，紧贴于红色的壳面。给人以庄重、和谐、壮伟之感。是佛罗伦萨城市中心区的标志性建筑，当时不仅在工程技术上是个奇迹，在艺术风格上也很有创新，成为文艺复兴建筑的典范。它是欧洲第四大教堂，仅次于梵蒂冈的圣彼得大教堂、伦敦圣保罗座堂和米兰大教堂。

9. 乌菲齐画廊

乌菲齐画廊（Galleria degli Uffizi）是世界上最大的博物馆之一。它最初是由瓦萨里设计的供托斯卡纳大公科西莫办公的大楼，于1565年基本建成。后来的继承者们把它改成了画廊，并不断丰富藏品。现在归佛罗伦萨市政府所有。它是在美第奇家族艺术收藏的基础上扩充而成的。除珍藏有大量古希腊、罗马的雕塑以外，对13—16世纪意大利文艺复兴各派重要画家的代表作品的收藏也相当丰富。佛兰德斯、法国等西欧绘画作品亦有收藏。画廊按照风格和年代分为45个展厅。其中的珍品如波提切利的《春》《维纳斯的诞生》《诽

佛罗伦萨乌菲齐画廊

谤》，达芬奇的《圣母领报》和《三贤来朝》，拉斐尔的《金翅雀圣母》和《利奥十世肖像》，提香的《乌尔比诺的维纳斯》，卡拉瓦乔的《酒神巴克斯》等。如《维纳斯的诞生》是波提切利早期的代表作，借神话中的故事：维纳斯诞生于大海的波涛之中，她一出生便已成人，她的名字包含着完美无缺的意思，被奉为美和爱的女神。在画家的笔下，她一位含羞的亭亭玉立的裸体美女，被大贝壳托出水面，周围飞着鲜花，风神徐徐把她吹向岸边，春神带着新衣向她迎去。她凝视前方，对人世间若有所思，既有希望又有点惆怅。这幅画将神和大自然人格化、世俗化，将人文主义思想寓于美丽的构图中，体现浪漫主义和现实主义相结合的风格。

（1）《春》

《春》描述黎明时一群仙女来到橘树林里，前面带路的是众神使者梅尔库里。他手拿蛇杖，点触到哪里，哪里的草木便复苏。跟随他后面的是"美丽""青春""欢乐"三女神，她们手挽着手，边走边舞。居中的是爱神维纳斯，好像在指点着头上的小爱神丘比特不要盲目发箭。再往后是春神，她把花神芙洛尔口里吐出的花朵沿途撒播。花神后面是西风之神塞尔菲，他长相丑陋，好像严冬在催促春光流逝。画的主题似乎在劝人惜春，但仙女们却表情惆怅。这幅画交织着中世纪神秘主义和文艺复兴时期的人文主义两种因素，但又以后者为主。

（2）《诽谤》

《诽谤》是一幅寓意画，表现真理受到各种邪恶势力的迫害。画面的背景是在法庭上，裸体的女子代表"真理"，显得十分孤立；而"无知"和"轻信"在法官的耳边进谗言；穿黑衣的男子代表"嫉妒"，拿着火炬进行诬告；裸体的"无辜"被"叛徒"拉着头发拖了进来；"虚伪"和"欺骗"给"叛徒"梳妆打扮；穿黑袍面容丑恶的老太婆代表"诽谤"，她扭过头不敢正视赤身裸体的"真理"。

（3）《天使报喜》

《天使报喜》亦称《受胎告知》，是达·芬奇早年在他的老师韦罗基奥那里学画时的作品。描绘的是一位美貌的长着翅膀的天使，来向年青、端庄的圣母玛利亚报告，告诉她已经怀孕，拯救人类的基督即将出世。画家对背景中的蓝天、山水、树木、花草描绘得很细致，在美景中展现圣母和天使的形象。

（4）《金翅雀圣母》

相传这幅画是拉斐尔送给朋友的结婚礼物。表现圣母玛利亚拿着金翅雀逗着心爱的孩子耶稣和约翰玩的幸福情景。金翅雀是一种叫声美妙的小鸟，但它吃荆棘的籽，暗示耶稣戴荆冠、受鞭刑的受难象征。此画的三角形构图，是受达·芬奇的影响。

（5）《乌尔比诺的维纳斯》

《乌尔比诺的维纳斯》又称《浴后维纳斯》，是提香应乌尔比诺公爵的委托而作。表现浴后的维纳斯安适地躺在卧榻上，旁边睡着一只小狗，后面的女仆正在寻找她要穿的衣服。画中人的形象优美，世俗生活气息很浓，表现了人文主义思想，被认为是近代裸体画的典型。

《春》

《乌尔比诺的维纳斯》　　　　　　　　　　《天使报喜》

米兰斯福尔扎城堡

米兰的斯福尔扎城堡塔　　米兰斯福尔扎城堡

10. 斯福尔扎古堡

　　斯福尔扎古堡（Castello Sforzesco）是米兰的标志性建筑，呈四方形，每边长400米，外面围着中世纪的城墙，四个塔楼分别坐落在四个角上，墙外有干涸的护城河，有一扇古老的城门。最早是由维斯孔蒂家族的成员加莱阿佐二世在1368年兴建，曾把它作为公爵府。斯福尔扎王朝的创始人弗朗切斯科·斯福尔扎于1450年重建。15世纪末，热衷于文化艺术的卢多维科（Ludovico Sforza）公爵把达·芬奇和布拉曼特请来进行装修，使这座城堡成为意大利最美丽的庄园之一。后来遭受外国侵略以后，此处作为军营，受到严重损坏。1893年又开始修复，并使它成为一个藏品丰富的博物馆。其中有米开朗琪罗的雕塑作品《圣母哀悼基督》（Pietà Rodanini）。

11. 布雷拉宫

布雷拉宫（Palazzo di Brera）是一座宏大的巴洛克式建筑，修建于17世纪，18世纪继续扩建。庭院中有一尊拿破仑铜像，是卡诺瓦的作品。宫的一侧是奥地利女皇特雷莎创办于1776年的美术学院（Accademia di Belle Arti），搜集艺术作品，供学生学习。宫里还有一个国立图书馆，收藏有大量古籍。还有一个天文台。但更值得一看的是其中的布雷拉美术馆（Pinacoteca di Brera），展出的是15—18世纪的油画，其中有曼特尼亚的《基督去世》（Cristo morto）、拉斐尔的《圣母订婚》（Sposalizio della Vergine）、卡拉瓦乔的《埃马乌斯的晚餐》（Cena in Emmaus）、莱加（Silvesrto Lega）的《大藤架》（il pergolato）、海耶兹（francesco Hayez）的《吻》（il Bacio）等名画。

12. 圣马可大教堂

圣马可大教堂(Basilica di San Marco)始建于公元829年，后被焚毁。现存建筑完成于1071年。它的得名是因为内有圣

马可的坟。圣马可为《马可福音》的作者，是威尼斯的守护神，传说公元828年有两个威尼斯商人把圣马可的尸体从埃及亚历山大偷来葬于此。教堂外观体现拜占庭式、罗马式和哥特式建筑风格的融合，并独具一种东方艺术的韵味。全教堂约75米长，62米高，45米宽。其平面呈希腊式十字（正十字）形，正面由五座梭拱形罗马式大门构成，中门尖塔顶上有马可手持福音书雕像。教堂顶部为五座半球形圆顶。教堂内部有各种雕塑雕刻和镶金装饰。其镶嵌图案及组画总面积约有4500平方米，荟萃了700年来各派艺术家的作品。教堂内的主要看点：一是四匹镀金青铜马，它们是第四次十字军东征时从君士坦丁堡掠来的战利品，是公元前4—前3世纪的作品，十分精美，是古代铜铸四马战车的组成部分。二是讲述圣经故事的大量镶嵌画。三是金屏风，它被认为是教堂中最珍贵的圣物，因为它下面是埋葬着圣马可遗体的圣坛。它是公元976年在君士坦丁堡制作的，高1.4米，宽3.48米，上面镶满各种宝石和许多瓷片画，真是琳琅满目。

威尼斯圣马可广场

13. 公爵府

公爵府（Palazzo Ducale）是历任威尼斯共和国执政官的官邸、政府所在地和议会大厅，现为博物馆。始建于公元810年，最初像城堡一样，主要起防卫作用。1370年建成现在的规模和外观，后经两次火灾，14-15世纪又进行过修复。这是一幢粉红色和白色大理石修建的长方形四层建筑，典型的哥特式－威尼斯建筑风格。一进门的楼梯为"巨人梯"，因两旁有海王神和战神巨大塑像而得名。另外还有一造型精美的"金梯"，外国使节和来访贵宾在接受执政官的接见前，都要经过这些金碧辉煌的候客厅，厅的墙壁和天花板上绘有16世纪威尼斯大画家们的作品，如丁托雷托的《天堂》，维罗内塞的《威尼斯的胜利》。其中的大会议厅（Sala del Maggior Consiglio）是议员们开会的地方，在这里选举共和国执政官和其他最高官员，批准法令。另有一兵器馆，陈列着16-18世纪的各种兵器。

威尼斯圣马可广场总督府

穆拉诺岛

14. 穆拉诺岛

　　穆拉诺岛(Murano)以制造色彩玻璃器皿闻名于世。过去因担心玻璃厂的炉火会引起火灾,而下令迁往穆拉诺岛。这里是威尼斯玻璃制造业的中心,可以欣赏玻璃师吹制玻璃的表演,购买玻璃制品。还可以参观这里的"玻璃艺术博物馆"。

15. 朱丽叶之家

　　朱丽叶之家(La Casa di Giulietta)是维罗纳吸引游客的另一景点。其实罗密欧与朱丽叶的故事最早是维罗纳人波尔托(Luigi da Porto)在16世纪写的一个悲剧,后经莎士比亚的戏剧传播,广为人知。现在游人参观的朱丽叶故居在芳草广场(Piazza delle Erbe)附近的卡佩洛街上,门牌23号。一座红墙院落,爬满常青藤,进门有一尊朱丽叶的青铜像。卧室的一个阳台,据说是这对情人幽会的地方。不远处的另一条街上有一幢古老的房屋,是男主角罗密欧之家。距阿迪杰河边不远,在一个圣方济各的修道院里有朱丽叶之墓,虽然棺椁是空的,还是引来许多游人瞻仰和献花。

16. 卡塞尔塔皇宫

卡塞尔塔皇宫(la Reggia di Caserta)在那波利附近的卡塞尔塔市，被称为那波利的凡尔赛宫，是一个吸引游人的地方。它是过去统治那不勒斯地区的波旁王朝国王查理三世于1752–1774年所建的一座夏宫。皇宫长247米，宽184米，高41米，共五层。内有1200个房间，全部装饰得富丽堂皇。还有120公顷的大花园，其中布置了许多艺术喷泉和雕像，还有高达78米的大瀑布。建筑师是意大利人范维特利（Vanitelli）。里面有画廊、图书馆、国王的卧室、客厅、珍品展厅、兵器展厅等。第二次世界大战期间曾作为盟军的指挥部，意大利的德军投降签字仪式也是在这里举行的。

17. 那波利王宫

王宫（Palazzo Reale）位于那波利市中心，是一栋巴洛克式的三层建筑，长169米，顶上有一个钟楼。始建于1600年西班牙统治时期。直到18世纪以前都是那不勒斯国王的住所。正面有八尊重要国王的雕像，象征着八个王朝的历史。皇宫内部装饰豪华，以白色基调为主。现在宫中大部分房间已作为藏书多达150万册以上的国立图书馆（Biblioteca Nazionale）。宫中的剧院保留着国王的座位和其他古董摆设。还有几个展室介绍国王们的起居生活，展出他们的客厅、睡房、起居室，以及家具、雕塑、油画等。从二楼的露台，可以看到远处的维苏威火山和那波利海湾，风景十分美丽。

那不勒斯王宫

18. 卡普里岛

卡普里岛（Isola Capri）位于那波利海湾南面，面积约十平方公里，这是一个美丽的小岛，古罗马皇帝在这里修建了许多别墅。卡普里镇是人口最密集的地方，小街小巷古色古香，家家门前种着鲜花，门上有陶瓷门牌。这里最吸引人的地方是"蓝洞"（Grotta Azzura），这是一个水边洞穴，由于阳光投入的角度和石灰岩的反射作用，整个洞里泛着蓝光，划着小船进去后仿佛进入了一个神奇的世界。另一个值得一游的地方是奥古斯都花园，或称皇家花园。由于地势在山坡上，利用肥沃的火山灰土，沿着小径层层叠叠种满各种花草，还可以远眺海湾的美景。在岛上12座皇帝的别墅或行宫中，提比略（Tiberio）的欢乐宫（Villa Jovis）保留较为完好，占地7000平方米，建于公元1世纪，据说它是某位皇帝寻欢作乐的地方。

19. 阿尔贝罗贝洛石顶屋

在普利亚区有个阿尔贝罗贝洛镇，其中有几个村子，还保存着远古时期留下来的许多被称为"特鲁利"的圆顶石屋（Trulli di Alberobello），它的屋顶呈圆锥形，如帐篷一样，完全用石头建造，没有用灰浆。被联合国教科文组织列入世界文化遗产名录。

PART 2
旅游资讯
地图导览

实用信息

1. 语言

除西北部与东北部的少数民族讲法语、德语和斯洛文尼亚语外,绝大多数居民讲意大利语。

2. 货币

欧元

3. 电源

意大利的电压为220V,插头大部分为2-3孔圆头插座,需要自行携带转接插头。

4. 电话

从中国打到意大利,需拨打00(国际冠码)+39(意大利国家代码)+区号(区号后前面的0去掉)+电话号码。从意大利打回中国,需拨打0086+区号(区号前面的0去掉)+电话号码,如拨打北京(区号010)的12345678,就可以直接拨0086-10-12345678。

5. 网络

在意大利各主要旅游城市,当地政府提供市政免费Wi-Fi,具体的地点和方式可在当地旅游局获取资讯。此外,意大利和其他国家一样,许多咖啡馆、旅馆都提供Wi-Fi服务,到店后可以根据各店提示和要求获取Wi-Fi密码。

6. 银行

意大利的主要银行有UniCreditSpA、Banca d'Italia、Banca Di Roma、Sanpaolo IMI、Banca Carige、BNL等。

7. 邮政

在意大利各大城市中都有中央邮局(Posta Centrale),营业时间为周一至周五8:00~19:00,周六只营业到中午,周日和其他节日休息。其他支局通常平时营业到14:00,周六营业至中午。邮局的主要邮政服务有支付收费单，邮寄明信片、信件、包裹、电报、传真和挂号件，还有一些邮政银行服务。此外，还有邮筒遍布在大街小巷。可在邮局或邮局授权有"T"标志的香烟铺购买邮票，明信片寄到国内为二欧元，寄到欧盟国家是一欧元。填写好后直接把信投入邮筒邮寄。

8. 通讯

意大利不同的城市拨打电话收费的标准有所不同，你可在便利店或者机场购买"国际电话卡"，然后按照卡片上的指示拨打电话。此外，意大利还有一些公用电话可以先打电话后付费，比较便宜。意大利的电话都不找零，所以需准备好欧元硬币打电话。

9. 抽烟

意大利颁布了《严禁吸烟法》，规定除吸烟室外其他公共场所不得吸烟，并规定16岁以下儿童禁止吸烟。因而在意大利吸烟一定要注意场合，以免影响别人以及为自己带来不必要的麻烦。

10. 卫生间

如果在外面游玩，可以寻找付费的公共厕所或免费的公共厕所。付费的公共厕所一般在火车站内，一些重要的景点也有；如果走在大街上，突然想上厕所，可以到咖啡厅。此外，在一些大型的百货公司、超市，都可以找到厕所。上厕所使用的手纸，并不是扔在旁边的垃圾桶内，而是放入马桶冲下去。此外，在意大利著名的旅游城市威尼斯，使用公共厕所要交纳"厕所税"，以做到所谓的"以厕养厕"。

罗马餐厅

11. 紧急电话与服务电话

（1）紧急电话

宪兵：112

警察：113

火警：115

公路急救：116

金融警察：117

医疗急救：118

海上急救：1530

（2）服务电话

叫醒电话：114

电话查询：12

电话故障：187

旅游讯息：1518

铁路公司(Trenitalia)：848888088

罗马Fiumicino机场：06-65951

米兰Malpensa机场：02-26800627

罗马TAXI：06-6645/06-4994

米兰TAXI：02-5353/02-8585/02-6767

注：在意大利拨打普通固定电话，即使是人在本地也必须拨区号。

科莫湖周边的风光

出入境信息

1. 出境须知

游客不能携带动物性产品，也不能携带超过一万欧元现金，旅行支票或银行汇票需要向海关申报；携带香水不超过50克，携带花露水不超过250毫升；不要购买或试图购买假冒产品，否则被查出将被警方处以最高一万欧元的罚款。

2. 入境须知

（1）入境规定

出国旅游，首先需要准备的证件便是护照，如果你已经有护照，那必须保证护照的有效期超过6个月，否则需要去更换护照。

（2）签证信息

持有护照赴意大利旅游，还需申请签证。意大利为申根国家，持有任何申根国家有效签证都可以进入，持有意大利签证也可以进入其他申根国家。最好在出发日之前至少提前四周提交申请。意大利在中国的北京、上海、广州、香港均设有领事馆，你可在自己所在地区办理签证事宜。

（3）关税

非欧盟国家17岁或17岁以上的游客入境时，携带200支香烟，或100支小雪茄(最大三克一支)可免税；可免税携带一升22%以上的酒，或浓度在80%以上的工业酒精，或二升浓度小于22%的普通酒等；成人可以携带价值430欧元的物品，小于15岁的乘客可以携带175欧元的物品。

交通

1. 航空

"条条大道通罗马"，形象地表明了罗马作为意大利的交通枢纽，它有铁路、公路通往全国各地。罗马和米兰是意大利的主要国际航空港，国际航班最多，所以通常是境外游客计划意大利行程的起点和终点。

罗马处于地中海地区的中央位置，也是国际空运的中心之一。罗马有两个机场，其中达·芬奇机场（Fiumicino）位于罗马市区西南约35公里处，是主要的客机起降机场。入境大厅在一楼，二楼为出境大厅。乘飞机来往罗马与欧洲各国之间航程最多不超过四小时，来往非常方便。机票价格虽然昂贵，但提前预订往往可以拿到不少的折扣，也有很多廉价航空公司可以选择。乘飞机出境务必提前两小时到机场办理手续，如需退税，应提前更多时间。

从机场到罗马市内：

1.机场与特米尼车站之间有莱昂纳多机场特快Leonard Express，车程约30分钟，在售票处买票的话是9.5欧元，在车上购买就要14欧元。机场到特米尼车站的运营时间是6:37-23:37，每30-60分钟一班，车站到机场的运营时间是5:52-22:52。

2.从机场到台伯提那Tibutina车站的列车，全程约40分钟，票价5欧元。机场出发运营时间是6:27-21:27，每30-60分钟一班，台伯提

罗马菲乌米奇诺机场

罗马菲乌米奇诺机场

那车站出发运营时间是5:36—20:36每15—60分钟一班，21:36～22:36每30分钟一班。在台伯提那车站可以转乘地铁B线。

3.夜班车：机场线路停车后，夜班公共汽车开始运行。从机场开往台伯提那车站的车分别于1:15、2:15、3:30、5:00发车，中途停靠特米尼车站，全程约50分钟，票价五欧元，返程票价3.62欧元，返程时间分别为0:30、1:15、2:30、3:45。

2. 铁路

意大利铁路网是欧洲铁路网的一部分，到欧洲各主要都市的国际特快列车在意大利的主要停靠站有罗马、米兰、威尼斯、佛罗伦萨等。意大利国内列车的误点率在欧洲算比较高的，南部的列车速度比北部慢。

列车时刻表上的字母：

EC欧洲城市特快，连接意大利与欧洲主要城市的高速列车，需要提前订位，需要付特快费。

EN欧洲夜车，在夜间运行的高速列车，有卧铺，需要订位，需要付特快费和床位费。

CIS连接意大利与瑞士的国际高速列车，需要订位，需要支付特快费。

ES意大利欧洲之星，在国内运行的高速列车，需要订位，需要付特快费。

IC城际特快，停靠国内主要城市的高速火车，最好订位，需要付特快费。

ICN城际特快夜车，在夜间运行。

E、D、IR、R地方列车，分别代表快车、普通快车、站站停的长途车、站站停的短途车，一般不需订位，不需支付特快费。

3. 航海

意大利三面环海，水运发达，除可乘船前往国内的西西里岛、撒丁岛等周边岛屿外，还有连接意大利和希腊之间的航线。持欧洲火车通行证搭乘意大利-希腊航线船舶，只需要支付六欧元的入港税，使用客舱也享有25%的优惠。在地中海上航行的感觉不错，不过航船的速度通常较慢，赶时间的话还是乘飞机比较好。

4. 公路

去不通火车的城镇，中长距离的巴士自然会发挥其巨大威力。而在意大利，即使不是这种情况，乘巴士旅行也有很多有利之处。一般情况下，在发车前30分钟赶到也可以买到票，而且一定有座位。巴士旅行很快，春天的西西里，乘巴士通过内陆部的丘陵地带，可看到如绿色绒毯一般的小麦中间点缀着黄色的含羞草，美极了。

5. 市内交通

（1）公交

在意大利的各市内乘坐公共汽车或电车，车上不售票，要事先到报亭、酒吧间购买车票，上车后再在车内自动检票机上塞入车票进行打印，自动记下上车时间，在有效时间内还可凭此票换乘其他车辆。

罗马、米兰市内电车票和汽车票每张1200里拉，可乘1.5小时，在此时间内换乘是有效的，有的城市电车票和汽车票一次乘用有效。在市内乘车较多的人，也可购买汽车、电车或地铁月票。罗马电车、汽车公用月票每张三万里拉。乘电车和汽车应从后门上车，向司机出示月票；车到站后应从中门下车。

（2）自行车

在各个景点之间转移的时候，最方便的莫过于自行车了。意大利的特色就是景点扎堆，一般最远也不会超过五公里，都是自行车轻松可到的距离。至于租自行车也非常便宜，现在的行价是押金十欧元左右，三欧元一小时或十欧元一整天，有些地方还支持异地还车。

（3）出租车

意大利出租汽车为黄色，车顶竖有TAXI牌。需要乘坐时，既可打电话要车，又可以在马路边招手示意。上车后，告诉司机你要去的地方，到达目的地后按计价表指示的数字付费。一般按计价表钱数付整数，不要求找零钱。夜间10点至次日清晨6点，车费价格高一些，节日期间车费加倍。去远郊要适当加付空车回程费。罗马菲尤米奇诺机场到市内，出租汽车费为六万到八万里拉。

罗马出租车

星级酒店

住宿

意大利大约有40 000家饭店。每家饭店的费用都是由省级旅游业理事会统一制定的。大部分饭店采用的是一揽子费用,包括:税款、服务、取暖和空调。如果一揽子费用不包括增值税(IVA),则需额外加上。饭店分为以下级别:豪华5星级、5星级、4星级、3星级、2星级和1星级。

(1)饭店预订

意大利政府旅游办公室不受理饭店预订,但在接到相关的要求后可提供意大利任何城市或地区的饭店清单。

(2)有关保证金的规定

根据意大利民法和意大利国际酒店业协会,以及意大利国际旅行社联合会的规定,预定饭店时,只有交付了保证金才认为预订有效。

1. 日间旅店

提供短时间的个人用房。设施有盆浴,淋浴,理发店,梳洗用具,鞋油,服装干洗,电话,行李托运。很多日间旅店也有旅行办公室和钱币兑换处。不过这样的旅店不提供过夜住宿。日间旅店一般都设在城市的中心区和火车站附近。它们的接待时间从早上6:00一直至午夜。

2. 农村别墅和农舍

人们要想度过一段能与大自然和谐相融的假期,可以在农村租用专为度假而出租的农村别墅和农舍。

3. 青年旅店

意大利有100家以上这样的旅店和住房,任何人只要持有国际青年住宿协会成员卡,都可入住这样的旅店。

4. 学生旅店

不仅向在意大利上学的学生提供服务,只要有空位,也向到意大利来度假旅游的学生开放。

饮食

1. 独特的饮食文化

意大利是一个美食家的民族,他们在饮食方面有着悠久历史,如同他们的艺术、时装和汽车,总是喜欢精心制作。意大利美食典雅高贵,且浓重朴实,讲究原汁原味。意大利菜系非常丰富,菜品成千上万,除了大家耳熟能详的比萨饼和意大利粉,它的海鲜和甜品都闻名遐迩。源远流长的意大利餐,对欧美国家的餐饮产生了深厚影响,并发展出包括法餐、美国餐在内的多种派系,故有"西餐之母"之美称。

精美可口的面食、奶酪、火腿和葡萄酒成为世界各国美食家向往的天堂。意大利人饮食特点:味浓香烂,以原汁原味闻名,烹调上以炒、煎、炸、红焖等方法著称,并喜用面条、米饭作菜,而不作为主食用。

小牛肉片、鲜肉盘、意式馄饨汤、沙拉、正宗意大利面、意大利炒饭、面疙瘩、米兰小牛胫肉、火腿起司牛排、红炖白豆牛肚、蔬菜烤鹌鹑及香料烤羊排、茄汁鲈鱼、提拉米苏等是意大利美食中的经典。

意大利米饭

意大利面

意大利面

2. 特色美食

（1）意大利面

意大利面，又称之为意粉，是中国人最容易接受的西餐品种。作为意大利面的法定原料，杜兰小麦是最硬质的小麦品种，具有高密度、高蛋白质、高筋度等特点，其制成的意大利面通体呈黄色，耐煮、口感好。

（2）意大利冰激凌

到过意大利的人们，品尝到意大利的冰激凌文化，无不为其可口的味道以及精致的外形所惊叹。由于一般在现场制作，看起来就比较软，冰的颗粒也较细，口感也更好。因此，意式冰淇淋是高档冰激凌的主要代表。

（3）番茄青蚝汤

一道比较地道的家常菜，营养丰富，味道鲜美，做法也简单。

购物

1. 百货商店

意大利最好的百货商店是Coin连锁与Rinascimento连锁，主要出售中等价格的服装以及质地优良的体育用品。Coin在全国有二十多家分店，多设在重要城市的市中心，宫殿或市政府的周围；而Rinascimento的分店主要分布在大城市中繁华的购物地带。

米兰维克托·埃马努埃莱二世走廊

2. 购物中心

　　意大利的购物中心都是由一个个名品店和精品专卖店组成的，多以购物街的形式出现，最著名的有罗马的西班牙广场和米兰的中心购物长廊，可媲美法国香榭丽舍大街；此外还有类似于百货商店布局的集中的大型购物中心，如罗马的Parco Leonardo，共有二百多家商店，是欧洲最大的综合购物中心之一。在这些商店购物，通常不能讨价还价，但非新品则可以要求折扣。而意大利每年有冬夏两个打折季，冬季为1月中旬至2月上旬，夏季为7月中旬至8月上旬，几乎所有商店都参与打折，有的甚至可降到5折。另外，在大型节假日里（如复活节和圣诞节），商店也会有折扣。

3. 名牌工厂

　　意大利有一种非常特殊的购物中心，称为Factory Outlet，即名牌工厂。在这里，你可以以市面同等商品的3—5折价格买到各种国际名牌产品，如Gucci、Dolce&Gabbana、Prada、Bulgari、Ferragamo、Versace、Armani、Fendi、CalvinKlein、Dessel、Guess、Sergio Tacchini等。而在冬夏打折季的时候，部分商品还会出现折上折。意大利共有三家outlet：一家位于罗马郊区、一家位于佛罗伦萨郊区、最后一家位于米兰与热那亚之间。

4. 旧货市场

这里是意大利颇为古老兴旺的一种购物方式，类似于集会市场或跳蚤市场，大部分都是旧货，如书籍、古玩以及各种仿制的名牌皮货等。在这里你能看到很多使人感兴趣的货品，有时也能淘到令人意想不到的好东西。此外，与货摊老板杀价也是一件极有乐趣的事情。

意大利的特色产品很多，大到古玩、皮具、丝绸、家居用品、金银饰品，小到时装、配饰、化妆品、水晶玻璃制品、纸工艺品等，种类多样，品牌齐全，并且原产地商品质量颇高、价格低廉。

活动

意大利节日众多，活动丰富，如果想购物，就不能错过圣诞节，这是意大利每年折扣最低的时候；如果想玩，那么意大利的复活节一定会令你应接不暇。

1. 狂欢节

时间：每年2月

狂欢节一般在2月份，各个城市一般都会组织各种庆祝活动，有化妆游行、各种文艺演出等。人们也穿戴整齐，相拥着来到广场、公园。有的扮成各种动物，有的装成各种明星，有的身着古人的衣物。戴着面具的、涂着油彩的，汇聚成一个神奇的世界。人们手中拿着彩色的纸条或纸屑、瓶装的液体泡沫、充气的塑料棒，向认识和不认识的人身上撒去，喷去，敲去，撞击出一片片欢乐。

威尼斯狂欢节

2. 八月节

时间：每年8月15日

八月节就是前文所讲的夏假。说起它的历史，可以追溯到两千多年前的古罗马。当年，为了让人们尽情地欢乐，享受生活。皇帝奥古斯都(Augusto)定8月1日为节日。从17世纪末，八月节改为8月15日。

3. 佛罗伦萨音乐节

时间：每年5月

它是意大利的音乐节之王，相当于在奥地利萨尔茨堡举行的欧洲音乐节。

4. 主显节

时间：每年1月6日

这是每年1月6日纪念耶稣显灵的节日，也是意大利的儿童节。相传，东方三贤士见到一颗代表耶稣的明亮的星星，于是，在1月6日那天来到伯利恒，拜见诞生不久的耶稣，这就是宗教上所说的耶稣显灵和三贤朝圣。

5. 复活节

时间：每年4月初

复活节的日子不是固定的，一般在4月初，每年春分月圆后的第一个星期日。彩蛋、兔子和小鸡是这个节日的象征，代表着新生命的诞生。于是，人们要购买这些形象的装饰品，并食用壳为巧克力、内包小礼物的复活节彩蛋。

复活节彩蛋

圣诞节装饰

6. 圣诞节

时间：每年12月25日

圣诞节是纪念基督教创始人耶稣(Gesu)生日的节日。

传说在犹太国的拿撒勒城，有个叫约瑟(Giuseppe)的木匠，他与一位叫玛利亚(Maria)的姑娘订了婚。成婚前，玛利亚受上帝的旨意怀了孕。上帝让约瑟娶玛利亚为妻，并为孩子取名"耶稣"。

每年圣诞，天主教教皇都要在梵蒂冈(Vaticano)举行一系列盛大的宗教仪式以兹庆祝。

7. 元旦

活动时间：每年12月31日至次年1月1日

随着圣诞节的到来，新的一年也要来临了。圣诞节是家人团聚的传统节日，而元旦则是亲朋好友相聚，同欢乐共迎新年的时刻。

人们要在午夜前赶到城市的中心广场上，带着香槟酒和纸杯。当新年钟声敲响的时候，人们不约而同地举杯、碰杯、互相斟酒。当音乐从广场上的一辆辆彩车中跃动出来时，人们情不自禁地蹦起来，不分年龄、性别和国籍，互相祝福。

有的地区还有从家中扔旧物、酒瓶的习俗，以辞旧迎新。

近几年，人们也乐于购买中国烟花爆竹。当城市上空礼花缤纷降下之时，广场上、街头、阳台上，人们也点燃了星星之火，伴着噼啪响脆的节奏，人们忘掉了曾有的悲伤和不快。新年喜洋洋地来了。

不该错过的旅游体验

1. 感受"罗马假日"的情怀

罗马是一座历尽沧桑的古城,又是一座巨大的博物馆,包罗了古罗马斗兽场、万神殿、许愿池、圣母玛利亚大教堂等众多建筑,游走在这些历史古迹中,仿佛穿越到古罗马时代。在西班牙广场上晒晒太阳,追忆奥黛丽·赫本的公主情怀;在许愿池投币许愿,祈祷美好愿望得以实现;在富丽堂皇的大剧院中欣赏一场经典的歌剧表演,都将为你此次旅程留下美好回忆。一部经典的《罗马假日》让人们对罗马充满了无限向往,虽然佳人已远去,但是罗马风情依旧不减。不要放弃一次探访古老城市与文化的机会,去寻找属于自己的罗马假日吧。

2. 享受水上都市的柔情

意大利的水城威尼斯可谓是文艺复兴的精华,上帝将眼泪流在了这里,使这里充满了柔情。戴上面具,穿上华丽的装束,同当地人一起尽享狂欢节的魅力;众星云集的威尼斯电影节,让这座水上之城变得星耀生辉;乘上传统的贡多拉,进一步品味纯正的威尼斯风情;来到布拉诺,感受这个好"色"之城的独特魅力。假如你渴望找寻一份惬意,想要感受一下美好恬静的生活,那么来美丽的威尼斯邂逅这纯净的美好吧。

3. "翡冷翠"之城体验艺术的魅力

一派文艺复兴时期的景象,把你的记忆拉到很远,拥有此番魅力的城市,非佛罗伦萨莫属。这座徐志摩笔下的"翡冷翠"之城,是艺

旅游资讯 地图导览

西班牙阶梯

威尼斯圣马可教堂

术爱好者的天堂。在城中漫步，仿佛进入了一个文艺复兴历史博物馆，精美的博物、神秘的壁画以及众多栩栩如生的人物似乎是这座城市独特的宣传语言，让人忍不住要探索它的魅力。在美术学院中亲眼观摩一下大卫雕像，体验真正艺术的魅力。想要追寻文艺复兴的脚步，来到佛罗伦萨即可满足你的这一愿望。

4. 时尚之都追赶潮流

米兰，一座繁华背后的纯情古城，她是时尚的代名词，是活跃的歌剧圣地，是赫赫有名的艺术殿堂。这个拥有耀眼光芒的潮流之城，她的一举一动都倍受关注，当你目睹她的繁华、时尚、典雅、大气时，便会对其动容。富贵的金色广场、时尚的米兰时装周、达·芬奇名画《最后的晚餐》，每一处都能带给人一种意味深长的体验。这里是每一个时尚达人向往的时尚之都，是每一个女孩都渴望拥有的富贵白日梦。假如米兰感染了你，不妨到此看看，仔细瞻仰这个繁华的世界。

5. 在天然的历史博物馆里畅游

庞贝古城是亚平宁半岛西南角坎佩尼亚地区一座历史悠久的古城，也是一座天然的历史博物馆。这座建于公元前7世纪的古城，它在地下沉睡了千余年后，终于被人发掘。出土后的庞贝古城，最宏伟的建筑物都集中在西南部一个长方形的公共广场四周，广场周围设有神庙、公共市场、市政中心大会堂等建筑物。广场的东南方，是庞贝古城官府的所在地，广场的东北方则是繁华的集贸市场。此外，城内还有公共浴池、体育馆和大小两座剧场，街市东边则有艺术价值的圆形竞技场。而庞贝古城内的富有之家都有花园，古典壁画也有着较高的水平，对欧洲的新古典主义艺术有很大影响。

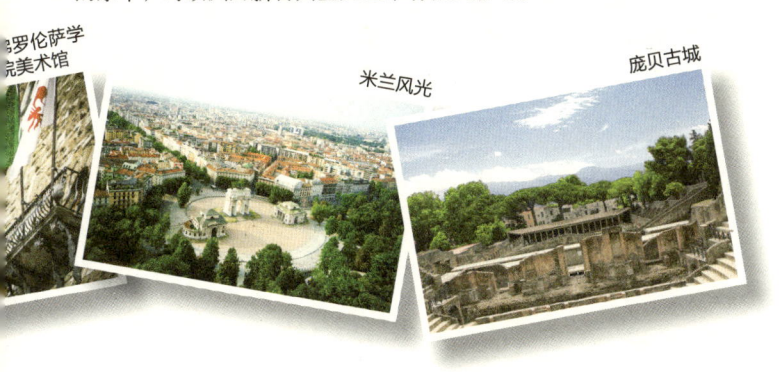

佛罗伦萨学院美术馆

米兰风光

庞贝古城

旅游资讯 地图卷

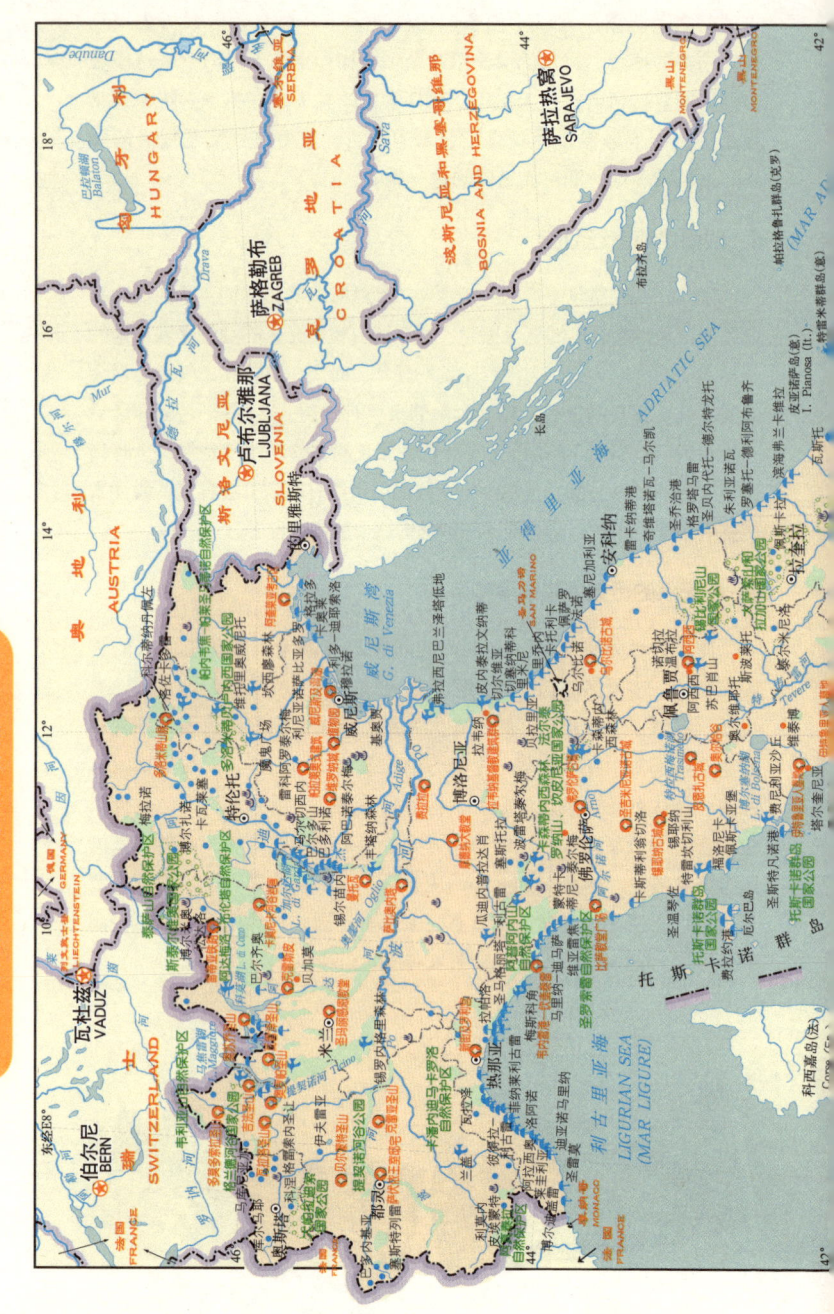

风景名胜图 Place of Interest

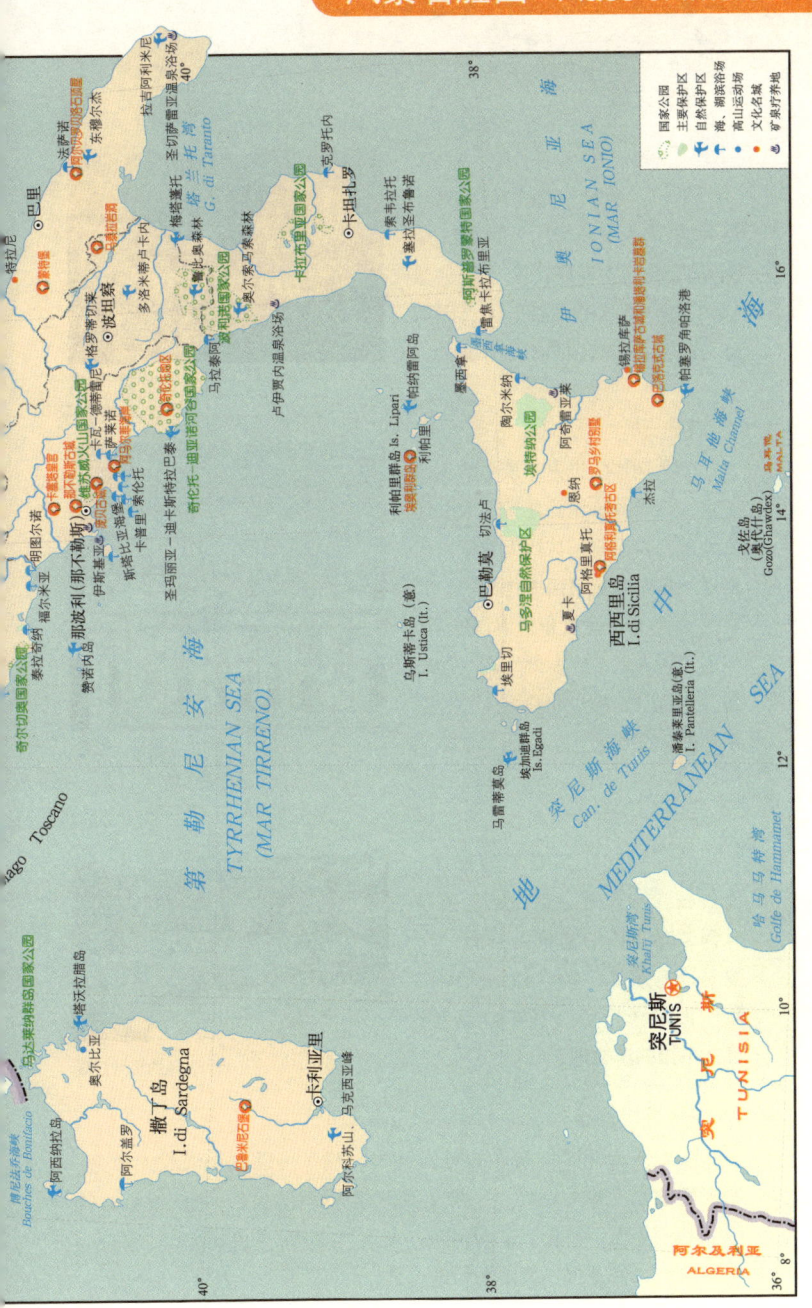

经典路线游

1. 经典之旅

第一站 罗马

第一天来到古老的罗马市区，游览古罗马斗兽场、万神殿、威尼斯广场、罗马许愿池等经典景点，这些景点相隔都不远，因而你可以步行或者租借自行车游览。

罗马市内风光

第二站 梵蒂冈

梵蒂冈作为世界上最小的主权国家，位于罗马城西北角的梵蒂冈高地上，景点有圣彼得大教堂、西斯廷小教堂和梵蒂冈博物馆等。其中的圣彼得大教堂非常值得一看，但由于游人太多，要做好排队的准备，还可以到教堂的圆屋顶去眺望罗马市区的风景。

圣彼得大教堂

第三站 罗马城中集市及广场

第三天继续游览罗马市区，沿着城内的大街小巷行走，也可以到罗马市内的集市去看看。在罗马还有很多广场，如纳沃纳广场、西班牙广场、鲜花广场等，都是不错的游览地。

西班牙广场

第四站 米兰

米兰作为世界上闻名的时尚都市，除了可以参观米兰大教堂、斯卡拉歌剧院等景点外，一定要到这里逛逛街，过一把购物瘾，其中Galleria Vittorio Emanuele、Via Monte Napoleone、Croso G.Matteotti都是很不错的购物地。

第五站　威尼斯

威尼斯蜿蜒的水巷，流动的清波，诗情画意的景色不可错过。沿着号称"威尼斯最长街道"的大运河，可以饱览威尼斯的精华之处。到了威尼斯，一定要乘贡多拉，沿着运河看美景，听贡多拉船夫唱歌剧。

威尼斯

2. 精华之旅

第一站　罗马—梵蒂冈

第一天先在意大利的首都罗马游玩，这座创造过辉煌文明的古城可游览的景点数不胜数。可到曾经人兽搏斗的圆形竞技场、罗马帝国胜利的标杆——君士坦丁凯旋门、意大利巴洛克艺术典型代表罗马许愿池等名胜古迹游览。下午前往天主圣地——梵蒂冈看一看，参观世界上最大的天主教教堂圣彼得大教堂和圣彼得广场。

第二站　佛罗伦萨—比萨

来到享有盛誉的佛罗伦萨，首先参观佛罗伦萨最美丽的圣玛丽亚·德尔菲奥雷大教堂，它那惊艳的外观让人印象深刻和折服。再到著名的新圣玛利亚教堂游览，还可以顺便逛一下附近的新圣玛利亚广场。下午前往比萨观赏世界著名的比萨斜塔。

佛罗伦萨圣克罗切教堂

第三站 博洛尼亚

第三天来到博洛尼亚，可先从海神喷泉开始，游览美丽的马乔列广场，周围有圣佩特罗尼奥教堂。接着前往考古博物馆，路上有很多特色的小店可以逛。下午前往博洛尼亚的标志——双塔，在高塔上看风景令人沉醉。还可以前往兰博基尼博物馆，感受豪车的魅力。

博洛尼亚双塔

第四站 威尼斯

来到水上城市威尼斯，首先游览市内圣马可大教堂、叹息桥等著名景点。下午前往穆拉诺岛和布拉诺岛，欣赏岛上特色的玻璃制品和美丽的彩虹房。晚上，乘贡多拉体验美丽的威尼斯夜景。

威尼斯嘉年华

第五站 米兰

第五天来到时尚的米兰，感受这里浓烈的时尚气息，欣赏宝贵的文化艺术遗产和著名古迹。顺便来到米兰大教堂，还可去看看闻名遐迩的斯福尔扎古堡、栩栩如生的达·芬奇像、世界三大著名歌剧院之一的斯卡拉歌剧院。

米兰斯卡拉歌剧院

第六站 都灵—热那亚

第六天来到汽车之城都灵，在汽车博物馆中感受菲亚特汽车的历史，到主教堂中瞻仰保存着举世闻名的"耶稣裹尸布"的礼拜堂。下午乘车前往热那亚，探访中世纪教堂与宫殿。

都灵大教堂

旅游资讯 地图导览

126

第七站　西西里岛

最后一天来到这块意大利靴尖上的宝地——西西里岛，欣赏岛上迷人的地中海风光、沧桑的古建筑遗迹、欧洲最大的活火山，感受浓浓的地中海风情。

3. 深度之旅

第一站—第二站　罗马—梵蒂冈

首先在罗马市内参观，以威尼斯广场为中心，游览历史悠久的城区建筑。第二天游览世界上最小的国家梵蒂冈，其中以圣彼得教堂为主要参观点，还可以到教堂的圆顶上去看看罗马市区风景。

第三站—第四站　那波利—庞贝古城

第三天来到小城那波利，观赏王宫、新城堡、国家考古博物馆等景点。在那波利的第二天，前往庞贝古城看看，参观这个在一夜之间被火山掩埋的城市，顺便到附近的阿马尔菲海岸走走。

第五站　佛罗伦萨

佛罗伦萨作为著名的世界艺术之都、欧洲文化中心、欧洲文艺复兴运动的发祥地，更是举世闻名的文化旅游胜地。众多的中世纪建筑、博物馆和美术馆，可以让你充分了解古罗马时期的文化，还可以解读诗人但丁的生平与他所经历的爱情。

罗马圣天使城堡

佛罗伦萨阿尔诺河

佛罗伦萨乌菲兹美术馆和旧桥

第六站 威尼斯

第六天在美丽的水城威尼斯落脚,你可在圣马可广场,乘坐贡多拉或者水上公交前往威尼斯小城,随后观看市内景点,如叹息桥、公爵府、圣马可大教堂等。晚上在此乘坐贡多拉,缓缓行走在运河中,让自己沉浸在威尼斯的风情中。

第七站—第八站 维罗纳—米兰

从威尼斯出发前往米兰,途经维罗纳,这里是罗密欧与朱丽叶的故乡,也是世界青年男女膜拜的爱情场所,值得一看。第二天来到时尚王国——米兰,可以在米兰的大街小巷寻找你所需要的时尚元素。

第九站—第十站 西西里岛

西西里岛阳光充沛、海水蔚蓝,这个岛非常大,第一天前往首府城市巴勒莫,从这里前往近郊的王室山或Segesto遗迹都很方便。然后前往有"南意米兰"之称的卡塔尼亚,这里是意大利作曲家贝里尼的出生地,北有陶尔迷小山城,南有萨拉库撒。第二天游览阿格里真托,这里的神殿之谷绝对值得一访。

西西里岛陶尔米纳

旅游资讯　地图导览

中部地区旅游热点

罗马

古罗马斗兽场、特雷维喷泉、地下古墓、万神庙、君士坦丁凯旋门、圣天使古堡、圣母玛利亚大教堂

佛罗伦萨

比萨斜塔、圣玛丽亚·德尔菲奥雷大教堂、乔托钟楼、洗礼堂、兰齐敞廊、皮蒂宫、巴杰罗国家美术馆

锡耶纳

坎波广场、欢乐喷泉、主教堂、公众大厦

阿西西

圣方济各教堂

旅游资讯 地图导览

132

罗马市中心　City Center of Roma

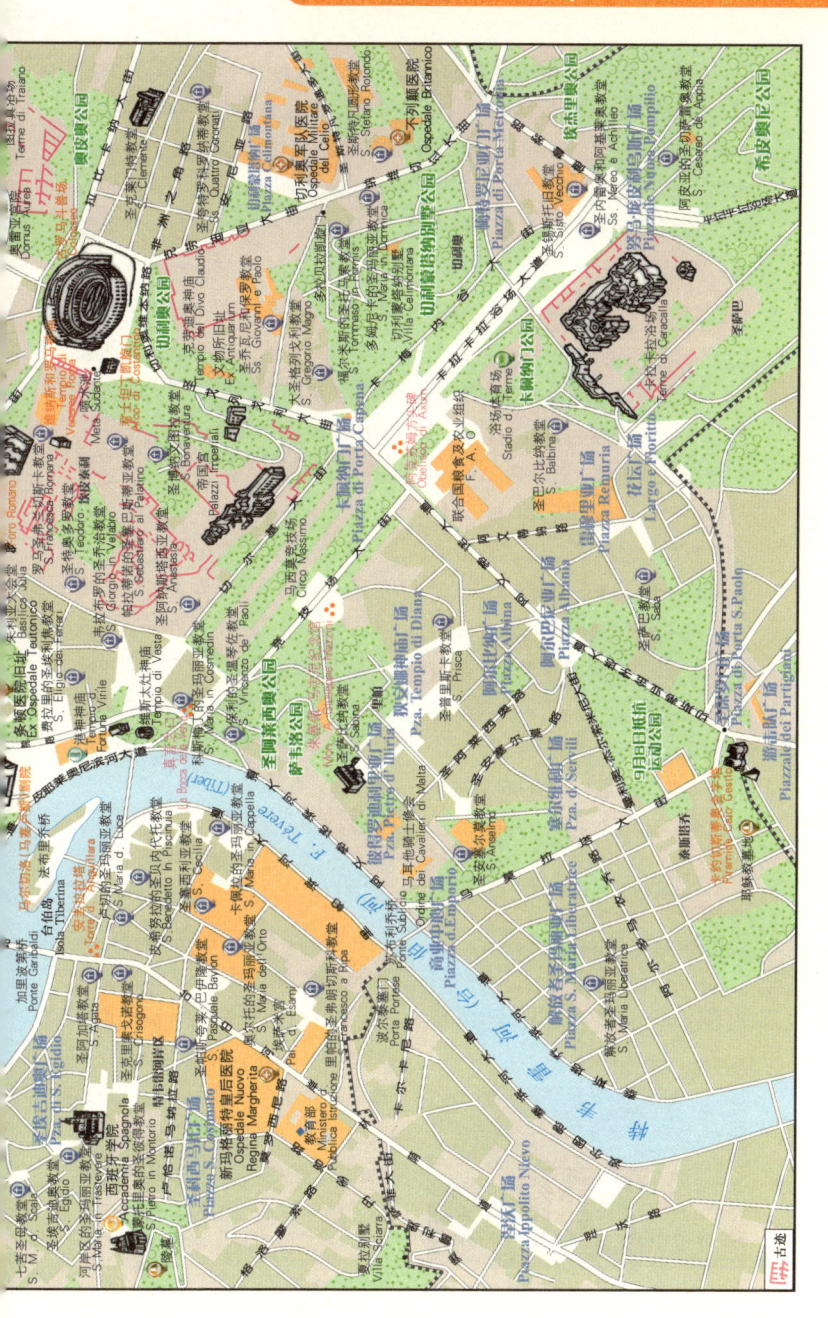

罗马

罗马（Roma）是意大利的首都，人口277.4万（2011年）。因建城历史悠久而被称为"永恒之城"。罗马位于意大利中部拉齐奥（也叫拉丁姆）区的台伯河平原上，濒临第勒尼安海的一侧，台伯河经此入海。多山地和丘陵，是古罗马文明发源地。向西南距离海岸仅5000米。历史城区被列为世界文化遗产。罗马以古迹多、教堂多、雕塑多、喷泉多而引人入胜。

万神庙

万神庙（il Pantheon）建造于公元前27年，是唯一保存完好的罗马帝国时期的建筑物，铜门和拱形屋顶完整如初。Pantheon是希腊文，意为"所有的神"。整个建筑的结构十分和谐，它的大圆顶直径43.43米，墙厚6.1米，顶部中央有一个圆形天窗，直径为8.8米，没有支撑，是世界上最大的圆顶建筑之一。著名画家拉斐尔的墓就在其中。意大利统一后，此处成为国王维托里奥·埃马努埃莱二世、翁贝尔托一世和他的妻子的陵墓。

君士坦丁凯旋门

君士坦丁凯旋门（Arco di Costantino）。建于公元315年，以纪念君士坦丁皇帝打败马森奇奥的功绩。它由三个门组成，门上刻有众多的人物浮雕和其他装饰品，集凯旋门建筑之大成，成为后世模仿的范例。

罗马君士坦丁凯旋门

卡拉卡拉浴场

卡拉卡拉浴场（Terme di Caracalla）建于公元212至217年，是典型的古罗马混凝土建筑，建筑面积达25 000多平方米，拱顶高39.62米，能容纳两千人同时洗澡。有完备的热、温、冷水供应系统。周围还有庭院、健身房、图书馆、礼堂等。

圣天使古堡

圣天使古堡（Castel Sant'Angelo）建成于公元139年，原是罗马帝国皇帝哈德良的陵墓。底部为边长89米的正方形，高15米，上部为圆形，直径64米，高21米，顶部为大平台，矗立着哈德良的塑像。中世纪时成为监狱、兵营，现在是兵器博物馆。与它连在一起的还有天使桥，桥上有八个天使雕像，手拿耶稣受难时的刑具。

旅游资讯 地图导览

圣母玛利亚大教堂

圣母玛利亚大教堂（la Basilica di Santa Maria Maggiore）建于公元5世纪中期，教堂建筑属巴西利卡古典式，但它的正面又是后来加上的巴洛克式。内部36根希腊爱奥尼亚式大理石圆柱光彩夺目，将大厅分成三个走廊。圆柱上方是36幅5世纪描写《旧约》故事的镶嵌画，是研究古代艺术的珍品。

拉特兰圣约翰大教堂

拉特兰圣约翰大教堂（la Basilica San Giovanni in Laterno）始建于公元313年。拉特兰本是一个大家族，拥有这一带的地产，家族中的一位女子嫁给君士坦丁皇帝时便将这块土地

罗马人民圣母堂

作为陪嫁赠给了他。后来君士坦丁在战争中借助基督徒的力量打败对手后，便宣布基督教合法化，并将这块地赐给了教皇，在此地修建了第一座合法的教堂，作为罗马的主教堂，故有"众教堂之母"之称。为纪念福音使者约翰，又加上了约翰的名字。此外，这个教堂还有一个重要意义，就是划定梵蒂冈边界的《拉特兰条约》

罗马圣天使古堡

是在此签订的。

城外的圣保罗教堂

为纪念殉教的耶稣门徒保罗，它初建于公元324年，1823年被大火烧毁后按原规模重建。正面是一个带方形回廊的大院子，四周是长廊，有146根白色柱子，庄严肃穆，院子中央有一座这位圣徒的巨大雕像。教堂附近还有一座公元前11年修建的金字塔，它是古罗马的一座埃及风格的陵墓。还有一个非基督徒的公墓，诗人济慈和雪莱的墓在那里。

四河喷泉

四河喷泉（Fontana dei Fiumi）位于纳沃纳广场，是由著名雕塑家贝尔尼尼在1651年创作的，雕刻的狮子等动物分别代表非洲的尼罗河、亚洲的恒河、欧洲的多瑙河和南美洲的拉普拉塔河。上面是一个埃及的方尖石柱盖顶。泉水由石缝中流出，构成八个水帘，而石狮等动物似乎在喝水和戏水。

破船喷泉

纳沃纳广场四河喷泉

摩西喷泉

摩西喷泉(Fontana del Mosè)建于1588年，墙上的浮雕描写古代犹太人大迁移的故事。居中的是大型雕像摩西，水从摩西伸出的右手指缝中流出，左手握着《十诫》告诫人们要遵行戒律。

乌龟喷泉

乌龟喷泉（Fontana delle Tartarughe）表现四个青年站在四个大理石的蜗牛之上，每人一手抓住海神，一手推着一只乌龟到上面水池中喝水。乌龟是17世纪由贝尔尼尼雕刻的。

破船喷泉

破船喷泉（Fontana della Navicella）于1629年修建，相传为纪念16世纪末台伯河泛滥而造成的一次水灾：一条破船被冲到了这里。设计师贝尔尼尼的父亲便雕刻了一条石船放在这里，泉水从船头和船尾涌出。

泉神和河神喷泉

泉神和河神是宙斯的女儿，此喷泉亦译为女神喷泉，在罗马火车站附近的共和国广场。是罗马著名的大喷泉之一，为圆形，其直径约144米，建于1911年，设计者为鲁泰利。周围有四组裸体女神与海怪相戏，中央有一组女神与鱼的铜像。此外，还有蜜蜂喷泉（Fontana delle Api)、海神喷泉(Fontana del Tritone)等。

古罗马水道

古罗马水道(gli Acquedotti Romani)是古罗马的城市供水系统。古罗马人建造了11条通向罗马的水道。这些引水道每天从其他地方向罗马供应15亿公升的水，为十几个大浴池、九百多个浴室和上千个喷泉提供水源。这些水道大部分建于地下，仅在城外有小部分高出地面。如著名的阿皮亚水道，建于公元前312年，全长16.5公里。水道从郊外水源地用高架水槽引至城内。这些粉红色的用拱桥连接起来的高架水道，如城墙一样时断时续，在夕阳余晖下更觉古色古香。

罗马国立博物馆

罗马国立博物馆（Museo Nazionale Romano）是世界上最大的古代艺术博物馆之一，1889年创立，藏品包括一些重要的希腊原作和失传的希腊作品的罗马复制品，如米隆的杰作《掷铁饼者》。

卡皮多里奥博物馆

卡皮多里奥博物馆（I Musei Capitolini）主要收藏古代雕塑，16世纪时梵蒂冈将一批异教雕像移到这里，最有名的如《拔刺的少年》。

博尔盖塞画廊

博尔盖塞画廊（La Galleria Borghese）位于有古树和湖泊的博尔盖塞公园中，它以收藏巴洛克风格的绘画和雕像著称，如卡诺瓦的雕塑作品《波丽娜·博尔盖塞》、贝尔尼尼的雕塑作品《大卫》和《被劫持的普洛塞比娜》。

罗马台伯河

博尔盖赛美术馆

威尼斯广场

威尼斯广场（Piazza Venezia）因为过去广场一侧有威尼斯大使馆而得此名。位于罗马市中心，于1911年建成，设计师是萨科尼。全部用白色大理石修建，共耗时26年。在纪念碑中央是意大利统一后的第一位国王维托里奥·艾马努埃莱二世的骑马雕像，雕像下面是在第一次世界大战中阵亡的无名烈士墓，两旁昼夜燃烧着火炬，有三军战士轮流守卫。因此它又称"祖国祭坛"，是各国元首、政府首脑等访问意大利时献花圈的地方。面对纪念碑，右侧是历史悠久的威尼斯宫，一座文艺复兴时期的建筑，至今已有五百多年历史。墨索里尼曾经把他的司令部设在这里，在中间的那个小阳台上发表过讲话。现在是一座博物馆。左侧是1911年仿照威尼斯宫建成的威尼斯保险总公司大楼。

卡皮多里奥博物馆

卡皮多里奥博物馆（I Musei Capitolini）主要收藏古代雕塑，16世纪时梵蒂冈将一批异教雕像移到这里，最有名的如《拔刺的少年》。

博尔盖塞画廊

博尔盖塞画廊（La Galleria Borghese）位于有古树和湖泊的博尔盖塞公园中，它以收藏巴洛克风格的绘画和雕像著称，如最有名的《波丽娜·博尔盖塞》卡诺瓦的雕塑作品《波丽娜博尔盖塞》、贝尔尼尼的雕塑作品《大卫》和《被劫持的普洛塞比娜》。

威尼斯宫

威尼斯广场威尼斯宫

国立现代美术馆

国立现代美术馆（la Galleria Nazionale d'Arte Moderna）也是一个藏品丰富的博物馆，1911年建成，主要搜集19世纪到现在的意大利主要艺术流派的画作和雕刻作品，也有一些外国艺术家（如梵高）的作品。对于博尔盖塞美术馆和梵蒂冈博物馆将在后面作为景点做专门介绍。

西班牙广场

西班牙广场（Piazza di Spagna）因过去西班牙大使在此住过而得名。它是罗马有名的一个文化广场，历史上一些重要的文化名人来罗马游览都在附近的旅馆下榻，如司汤达、巴尔扎克、安徒生、拜伦等。它背靠山坡，有138级台阶登上上面的"天主三位一体山"。广场中心有一个1629年修建的"破船喷泉"，由于台阶宽阔，成为游人晚上席地而坐面对广场、喷泉聚会聊天的好地方。经常还在那里举行花展或时装表演。

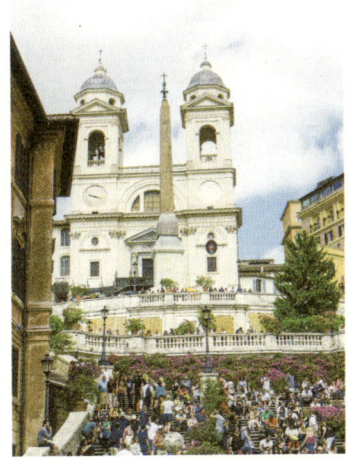

西班牙广场阶梯

罗马纳沃纳广场

纳沃纳广场

纳沃纳广场（Piazza Navona）以广场上有三座16世纪修建的喷泉（摩尔人喷泉、海神喷泉、四河喷泉）而吸引大量游客。那里有画像、算命、打靶和卖艺的，还有卖小吃和旅游纪念品的。每逢节日晚上更是人头攒动。

马尔他骑士团

马尔他骑士团（Sovrano Ordine Militare di Malta）位于罗马的阿文廷山丘上，它是在中世纪建立的一个修会，主要为朝圣中的病人服务，是一家慈善机构，原在马尔他，后迁到了罗马。它享有国际法人地位，与近50个国家有外交关系。从它的大院门上的一个孔中，可以望见罗马、梵蒂冈，加上这个骑士团的院子，被称为"一孔看三国"。

鲜花广场

古时这里是一个放牧的草场，并因此而得名，游人来此参观的主要原因是广场中心有一座哲学家布鲁诺的塑像。他在1600年2月17日被处以火刑，死在这里。因为他主张宇宙是无限的，是多中心的，反对以地球为中心的理论。教会认为他是顽固的异端，处以极刑。他的理论影响了17世纪以来的科学和哲学思想。为纪念他，1887年在这里竖起了由费拉里创作的布鲁诺雕像。

人民广场

人民广场（piazza del popolo）是一个椭圆形的广场，建于1538年，以广场中央有一座古罗马皇帝从埃及带回的有三千多年历史的方尖碑而闻名，并且广场边上有两座教堂，其中一座是17世纪修建的巴洛克风格的"奇迹圣母教堂"，另一座是1462年翻修的文艺复兴式的"人民的圣玛利亚教堂"，在这座教堂中有两幅卡拉瓦乔（Caravaggio, 1573–1610）的名画：《圣保罗的皈依》和《圣彼得的磨难》。

罗马人民广场

贴士

巴洛克艺术

　　巴洛克艺术（Barocco）是16世纪末至18世纪初在欧洲流行的艺术样式，发源地在罗马，现在在罗马、梵蒂冈都能看到许多巴洛克式的建筑、雕塑、喷泉等。巴洛克一词原指"形状古怪的珍珠"，隐喻一件任何复杂、精巧、莫名其妙的事物，给人一种浮夸、华而不实的感觉。它是继承文艺复兴之后的主要流派，追求运动感和豪华，与文艺复兴时期的含蓄、平稳的风格不同。代表人物有贝尔尼尼、博洛米尼、卡拉瓦乔等。

罗马纳沃纳广场

罗马人民广场

佛罗伦萨 Firenze

佛罗伦萨

佛罗伦萨是意大利中部的重要城市，托斯卡纳区首府，欧洲文艺复兴发源地。它四面环山，阿尔诺河流经其间，红瓦绿树，风景秀丽。古代最早在这里居住的是伊特鲁利亚人，罗马人打败伊特鲁利亚人以后，便在这里定居下来，取名为"鲜花盛开的地方"（Florentia）。15世纪时大银行家美第奇家族在这里居统治地位，实行赞助文艺的政策，到洛伦佐·美第奇时，佛罗伦萨进入了极盛时代。在此背景下产生了人文主义的新文化运动——文艺复兴，后来在欧洲各地迅速传播。先后出现了许多文学、绘画、雕塑、建筑、史学和科学方面的大师，对后来西方文化的发展产生了深远影响。如但丁、薄伽丘、布鲁内莱斯基、乔托、波提切利、达·芬奇、拉斐尔、米开朗琪罗等都留下了不朽的作品。佛罗伦萨是意大利重要的文化旅游城市，每天的游客络绎不绝。

佛罗伦萨

乔托钟楼

乔托钟楼（Campanile di Giotto）由乔托设计而得名，高89米，呈方形，每边长14.45米，始建于1334年，但乔托于1337年去世，由他的弟子比萨诺和塔伦蒂在1356年完成。它也同大教堂一样，采用红、白、绿三种颜色的大理石进行装修。一、二层有表现各种工艺行业的浮雕，三、四、五层有精美的哥特式窗户，五层安置有大钟。钟楼内有414级台阶，可爬至顶部，欣赏大教堂圆顶和佛罗伦萨风光。乔托（Giotto di Bondone, 1267—1337）出生在佛罗伦萨附近，是意大利文艺复兴初期的画家、雕塑家和建筑师，现实主义绘画的创始人，他突破了拜占庭美术定型化的束缚，创作了许多具有生活气息的宗教画。其代表作有《逃亡埃及》《犹大之吻》和《金门相会》，被称为"欧洲绘画之父"。

洗礼堂

洗礼堂（Battistero）位于圣玛丽亚·德尔菲奥雷大教堂的对面，是一幢绿白两色的八角形建筑，三面的青铜大门上都有著名的浮雕作品，南门上是比萨诺雕刻的施洗者约翰的生活片断；北门是1401年吉贝尔蒂创作的《新约》故事；特别精彩的是东门由吉贝尔蒂雕刻的《旧约》场景，它被米开朗琪罗称为"天堂之门"。文艺复兴初期意大利最重要的雕刻家是佛罗伦萨的吉贝尔蒂（Lorenzo Ghiberti, 1378—1455）和多纳泰罗（Donatello, 1386—1466）。吉贝尔蒂，金银首饰匠出身，以制作佛罗伦萨洗礼堂的青铜门浮雕而闻名于世。他在1401年的设计投标中获胜后，用了21年制作北门上的28幅浮雕，后又用27年制作东门上的10幅浮雕。浮雕的人物多到上百个，富有立体感。浮雕周围又饰以小雕像，个个十分精美。左扇门的右侧从上数第四是作者本人

佛罗伦萨乔托钟楼

的肖像。十块浮雕的故事内容依次为：亚当和夏娃、该隐和亚伯、挪亚、亚伯拉罕、以撒及以扫和雅各、约瑟、摩西、约书亚、大卫、所罗门和示巴女王。以第四幅亚伯拉罕的故事（又名"杀子献祭"）为例：上帝耶和华想考验亚伯拉罕对信仰的忠诚，命令他要杀子献祭，当亚伯拉罕正要动刀杀他的儿子时，突然飞来天使制止了他。从画面上可以看见执刀的亚伯拉罕、裸体跪下的他的儿子、三位长翅膀的天使、两个仆人、山坡、树木和毛驴等，都姿态优美、生动。

君主广场

君主广场（Piazza di Signoria）也称领主广场，是佛罗伦萨的中心，广场上有1575年修建的海神喷泉，水池中海马拉着的双轮战车上站着海神，周围是仙女。广场上还有1594年建造的科西莫一世骑马像。

老宫

老宫(Palazzo Vecchio)是一座1322年建成的城堡式三层建筑，全部用石头砌成，塔楼高94米，大门前竖立着米开朗琪罗的《大卫》像复制品。现为佛罗伦萨政府所在地，过去曾是美第奇家族的私宅，后来他们搬到了皮蒂宫，这里便称为老宫。楼上是市政会议厅，或叫"五百人大厅"(la Salone dei Cinquecento)，因为当时在此开会的民众代表共计500人。大厅内有39幅名家壁画，以及米开朗琪罗的雕塑《胜利》。另外还有12件表现希腊神话中的英雄赫拉克勒斯的功绩的雕塑。

佛罗伦萨老宫

皮蒂宫

兰齐敞廊

兰齐敞廊（Loggia dei Lanzi）位于老宫左侧，哥特式风格，因为文艺复兴时期那里驻有瑞士雇佣兵，称他们为"兰齐"。敞廊上陈列着一些雕塑，其中有詹博洛尼亚的《劫持萨比尼女人》和切利尼的青铜雕《珀尔修斯》（Perseus，1554年），后者描写瑞典王子普休斯斩女妖梅杜莎的神话故事：王子脚踏女妖尸体，一手持剑，一手高举女妖的头颅，表现出一种英雄气概。

老桥

阿尔诺河横贯佛罗伦萨，河上的老桥始建于1345年，这是佛罗伦萨最有名的一座古桥。相传在埃特鲁里亚人居住时期，阿尔诺河上就有一座桥，过去是木桥，1333年被洪水冲毁，1345年改建成坚固的石桥。设计者是乔托的弟子戈蒂。桥中间是大道，两旁是金银首饰店，是游人理想的散步和休闲场所。旁边还有一条长廊，连接老宫和皮蒂宫。为瓦萨里建造，目的是为了科西莫一世出行的安全，被称为瓦萨利走廊（Corridoio Vasariano）。走廊长约一公里，两侧墙上有许多名人的绘画。

皮蒂宫 P152B2

皮蒂宫（Palazzo Pitti）是一座1458年动工建造的仿古罗马式建筑，主人是当时佛罗伦萨最大的两银行家之一卢卡·皮蒂，他为了与美第奇家族比富，雇佣了布鲁内莱斯基设计修建。但大厦尚未完成却已去世。16世纪时美第奇家族将它买了过来，进行扩建，后被收归国有。现在是帕拉蒂纳画廊（Galleria Palatina）所在，其中的名画有拉斐尔的《椅中圣母》《披纱女子像》《朱利奥二世》，提香的《玛达蕾娜》以及波提切利等著名艺术家的作品。《椅中圣母》堪称拉斐尔圣母像的顶峰之作，传说在一次聚餐中，他看见一个抱着小孩的美丽少妇，突然产生了创作灵感，但手边又无纸，便顺手拿起餐桌上的一个小圆饼画起来，一个美妙的人物布局由此产生。

巴杰罗国家美术馆

巴杰罗国家美术馆（Museo nazionale del Bargello）建成于1225年，"巴杰罗"是"警察局"的意思，中世纪为审判犯人的地方，后改为博物馆。收藏有许多重要的作品，如米开朗琪罗早期的雕塑《醉了的酒神》和多那太罗的雕塑《大卫》。

佛罗伦萨学院美术馆

学院美术馆

学院美术馆（la Galleria dell'Accademia）成立于1563年，是欧洲最早以教授艺术为主的学校。藏有13-16世纪佛罗伦萨画派的油画，以及米开朗琪罗最著名的雕塑《大卫》像。根据《圣经》上的故事，大卫是一个牧羊少年，杀死了攻打犹太人的非利士巨人哥利亚，保卫了祖国和百姓。米开朗琪罗利用这个形象表达自己的爱国理想。大卫左手扶着肩上的甩石机，右手下垂，扭头向左前方怒目而视，仿佛面对敌人，即将投入战斗。像高5.5米，是用一整块大理石经过三年时间雕刻而成。从那时起，佛罗伦萨人民就把它视为"保卫祖国的市民英雄形象"。当时的一批艺术界的名人，包括达·芬奇在内，组织了一个委员会进行了验收，认为这是一件杰作，应放在政府大门前。除《大卫》像外，还可以在这里看到米开朗琪罗的四尊雕塑《奴隶》。作者用粗凿的刀痕突出奴隶粗犷、勇猛的性格，身体扭曲，肌肉紧绷，束缚他的绳子显得那么无力，塑造了一个强烈渴望解放的奴隶形象，作者通过它表现心头的压抑：除对祖国的沦陷感到痛苦和失望外，艺术家的人文主义创作自由，受到教会禁欲主义的束缚。

伽利略博物馆

伽利略博物馆（il Museo Galileo）即以前的科学史博物馆（Museo di Storia della Scieza），收藏着伽利略发明的天文望远镜镜片，以及美第奇家族和洛雷纳家族的珍贵科学收藏。它既是一个收藏自然科学的试验设备和仪器的机构，同时又提供丰富的科技图书馆资源服务，可以通过互联网使用这些资源。

新圣母玛利亚教堂

新圣母玛利亚教堂（la Chiesa di Santa Maria Novella）位于火车站附近，这是一座哥特式建筑，建成于1357年左右，正面用绿白两色大理石装饰，内有美丽的彩色玻璃窗。两排石柱将教堂分成三个长廊，长达99.2米，宽28.3米，带有绿色回廊，给人以整洁、宁静的感觉。藏品有最早运用透视画法的马萨乔的著名壁画《三位一体》(Trinità)，还有基兰达约（Ghirlandaio, 1449-1494）的两幅大型壁画《玛利亚的诞生》和《施洗者约翰的诞生》。

圣十字大教堂

圣十字大教堂（Basilica di Santa Croce）建于1443年，得名于1258年法国国王路易斯赠送的圣十字架的碎片。它是圣方济各修会最大的教堂，长123米，宽54米，高40米。它的新哥特式的正面和钟楼是19世纪加建的，不同颜色的大理石使外观显得十分活跃；但内部装修却保持了方济各教派庄重、简洁的传统。许多参观者来此的目的是看名人的坟墓，如米开朗琪罗、伽利略、马基雅维利、吉贝尔蒂、罗西尼都安葬在这里。旁边的隐修院肃穆宁静，内有布鲁内莱斯基设计的帕齐礼拜堂（la Cappella de'Pazzi），正中的大圆直径10.9米，高20.8米。它的线条简洁，是早期文艺复兴的优秀建筑之一。

佛罗伦萨圣十字教堂

佛罗伦萨新圣玛利亚教堂

卡尔米内教堂

卡尔米内教堂（Santa Maria del Carmine）建于13世纪，在1771年的大火中几乎全被烧毁，幸好它南面尽头的布兰卡齐礼拜堂（Cappella Brancacci）被保存了下来，其中有马萨乔的著名壁画《纳税钱》和《逐出伊甸园》，前者在透视法的运用上取得突破，后者开通过裸体画表现人的感情的先河，对后世绘画的发展都有深远的影响。

圣洛伦佐大教堂

圣洛伦佐大教堂（Basilica di San Lorenzo）是美第奇家族的私人教堂和家族成员的安葬地，有五十多名家族成员安葬在这里。它是早期文艺复兴建筑风格的代表，1425年由布鲁内莱斯基设计兴建，其中有大量该家族收藏和捐赠的大量艺术品。入口处是宁静的回廊，可通向藏书丰富的图书馆。教堂的东部尽头是美第奇礼拜堂（le Cappelle Medicee），家族的大多数成员埋葬在这里，装饰极其豪华。特别是里面有两座由米开朗琪罗设计的大理石石棺墓：一个是"豪华者洛伦佐"的第三个儿子内莫尔斯公爵朱利安诺的陵墓，另一个是他的大儿子乌尔比诺公爵洛伦佐的陵墓。在前者的墓上有两座躺着的《昼》和《夜》的雕塑，在后者的墓上有两座《暮》和《晨》的雕塑。晨曦时身体缓慢、几乎是不情愿地舒展，夜晚时紧紧地卷曲起来，天亮时重新恢复活力，黄昏时带着淡淡的忧伤。其中的《夜》是一尊雕刻优美的女人像，对此，米开朗琪罗曾在一首诗中说："睡眠是甜蜜的，成为顽石更幸福；只要世上还有罪恶与耻辱，不见不闻，无知无觉，对于我是最大的快乐；不要惊醒我啊！讲得轻些。"

锡耶纳

锡耶纳（Siena）位于托斯卡纳区，是仅次于佛罗伦萨的文化名城，建立在三个小山头上。它的中世纪城镇面貌保存完好，小街小巷，红砖建筑，城里禁止汽车通行，环境幽静，被联合国教科文组织列入《世界遗产名录》。这座小的古城最早为伊特鲁里亚人所建造，1125年开始成为独立的城邦，1260年击败佛罗伦萨后，经济迅速发展，成为银行和羊毛业的中心。古老的锡耶纳大学就创立在这一时期，接受来自欧洲各地的学者，颁发学习医学和艺术方面的证书。1348年流行的鼠疫结束了这座城市的黄金时代。1399年被米兰占领。1859年并入意大利王国。经济以旅游和农产品交易为主，工业有食品、制药等。生产的精美的陶罐和墙地砖闻名于世。每年7、8月举行的古装赛马节，吸引大量游客。

坎波广场

坎波广场（Piazza del Campo）是最重要的名胜古迹，位于小城的中心，11条小街向四周辐射。广场为半圆形，中间低，四周高，红砖铺地，像一个贝壳，用白线分为九个扇形，象征过去九人组成的政府。赛马就在这里举行。赛马实际上是一次集比赛、狂欢、美食于一体的活动。

意大利锡耶纳田园广场

锡耶纳公众大厦

公众大厦

公众大厦（Palazzo Pubblico）在广场旁边，一座13-14世纪的建筑，中间三层，左右两层，均有雉堞，原为执政官的官邸，现一层为市政府办公地，上两层为博物馆。其中的"地图室"因保存有该市的地图而得名；"和平厅"因有洛伦泽蒂（Ambrogio Lorenzetti）的系列壁画《好政府和坏政府》而出名，该画描绘了中世纪的社会各阶层人物，坏政府中可以看到恶魔。大楼旁还有一个曼加钟楼（la Torre del Mangia），建于14世纪，高88米，内有332级台阶可登塔顶，俯瞰城市美景。

欢乐喷泉

欢乐喷泉（la Fonte Gaia）位于坎坡广场上，为1409年所建，上面有许多寓意的神话浮雕，为雕刻家奎尔查（Jacopo della Quercia）作品，但原作已收藏在政府大楼内，现为19世纪的复制品。

主教堂

主教堂（Duomo）于1225年始建，到15世纪末才完工。长139米，宽42米，正面由比萨诺（Giovanni Pisano）设计，为罗马风格与哥特式风格的结合，分上下两层，三角形顶壁中各有一幅镶嵌画。采用红、白、绿三色大理石修建，色彩协调，上部圆形花窗周围有40个圣人雕像。内部装修光彩夺目，天花板上有8000个金星和110多个图案，地板由56幅大理石镶嵌画组成，与真的绘画相似，内容为圣经方面的故事。不过这些作品只在每年8月底至10月底才向游人展示。教堂旁边的钟楼高102米，共10层，用黑、白大理石建造。

锡耶纳大教堂

阿西西

阿西西（Assisi）是一个保留着中世纪面貌的小城市，它被联合国教科文组织评为世界文化遗产之一。

圣方济各教堂

圣方济各教堂（Basilica di San Francesco）是这里最重要的古迹，为纪念圣方济各而建，1253年竣工。教堂分上下两层，为罗马式建筑风格。教堂内有文艺复兴时期的著名画家乔托（1267-1337）所画的介绍圣方济各生平的组画。

贴士

圣方济各（San Francesco d.Assisi，1181-1226）出生于阿西西的富裕家庭，呢绒商的儿子，早年过着奢侈的生活。参过军，坐过牢，曾被人认为是疯子。25岁那年得了一场重病之后，开始改变自己的生活，以"谦卑、朴实、贫寒"为信条，创建"圣方济各修会"，亦称"小兄弟会"，为贫弱者提供无私援助。曾手托乞食钵，赤足前往法兰西、西班牙、埃及等地宣传他的主张。他虽仅活了45岁，但他所创建的修会逐渐发展成为世界上第二大天主教修会（仅次于耶稣会）。

阿西西圣方济各教堂

马尔凯

马尔凯区（Marche）是意大利中部的一个区，靠近亚得里亚海的一侧，由安科纳、阿斯科利-皮切诺、马切拉塔、佩萨罗-乌尔比诺四个省组成，大区首府在安科纳。经济以农业为主，有逶迤美丽的海岸线，沿海地区的旅游业相当发达。安科纳是重要的渔港，乌尔比诺是艺术名城。马尔凯人喜爱音乐，意大利歌剧大师——《塞尔维亚理发师》的作者——罗西尼是佩萨罗人，许多大小城市都有歌剧院。这里还有一个欧洲已知的最大洞穴弗拉萨斯溶洞，里面有众多的钟乳石和石笋，已有140万年历史。

阿布鲁佐

阿布鲁佐（Abruzzo）区由基耶蒂、泰拉莫、拉奎拉和佩斯卡拉四个省组成。区首府是拉奎拉，"鹰"的意思。这个区人口相对稀少，境内多山，其中阿布鲁佐国家公园是自然保护区，面积达300平方公里，可以看见狼、鹰、羚羊和熊。富奇诺卫星地面站是欧洲最大的地面站。经济以畜牧、农业和手工业为主。佩斯卡拉是个重要的渔港。

莫利塞

莫利塞（Molise）区位于意大利中南部，靠近亚得里亚海的一侧，全是山区，历史上交通不便，人口稀少，经济落后。它1963年才脱离阿布鲁佐区单独成为行政区，由坎波巴索和伊塞尼亚两个省组成。首府坎波巴索建在一个小山岗的四周，中世纪的蒙福尔特城堡（Castel Monforte）雄踞山巅，俯瞰全城。有风景优美的海滨胜地特尔莫里（Termoli）和幽静的山庄。伊塞尼亚（Isernia）有弯弯曲曲的小巷，制陶和花边业有悠久的历史。在郊区发现旧石器时代遗址，有一个考古博物馆。

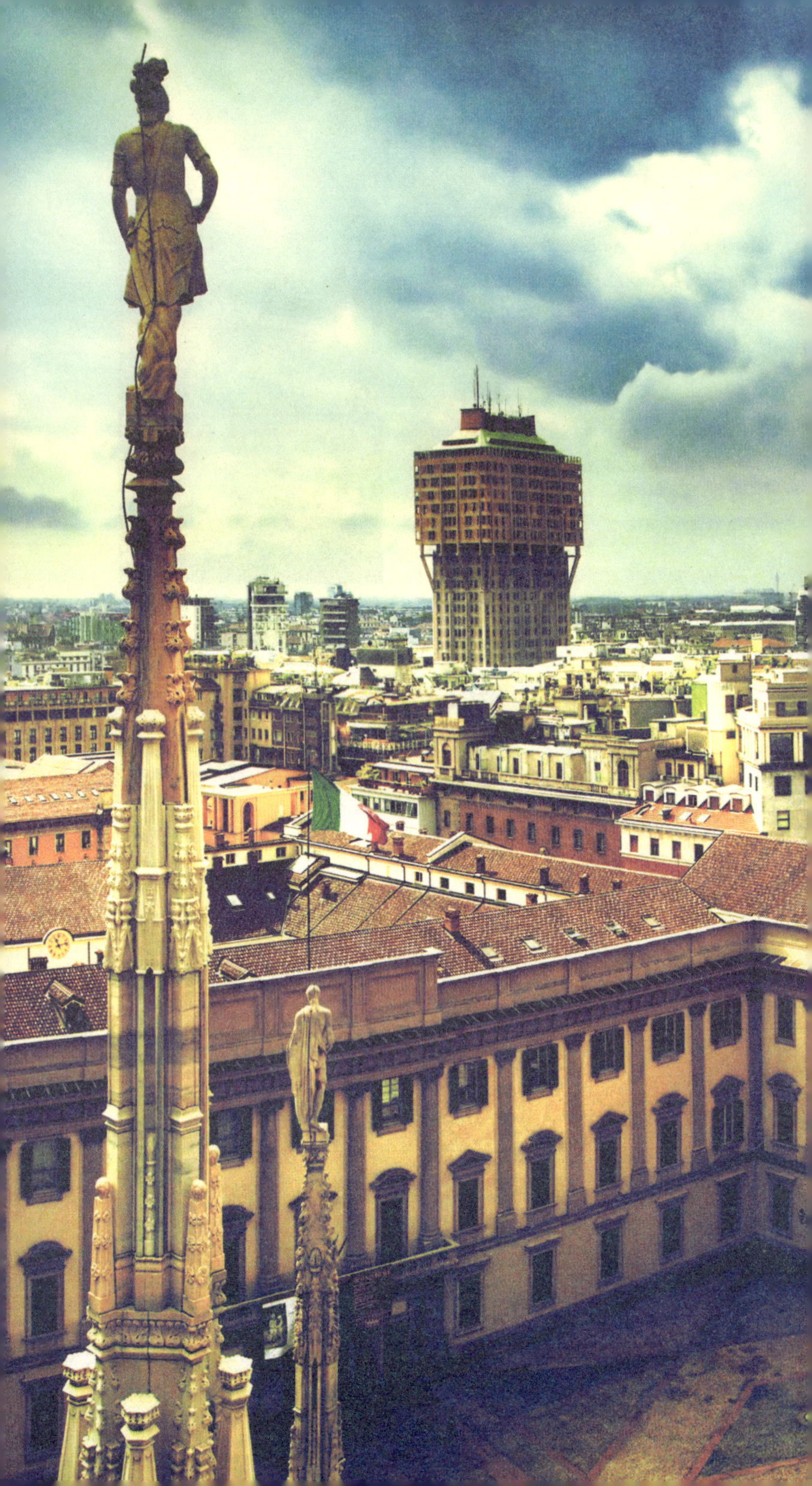

北部地区旅游热点

米兰
斯福尔扎古堡、米兰大教堂、斯卡拉歌剧院、安布罗焦图书馆和美术馆、圣欧斯托尔焦教堂

都灵
王宫、太后宫、埃及博物馆

热那亚
多里亚-图尔希宫、白宫、红宫、圣洛伦佐大教堂

威尼斯
圣马可大教堂、公爵府、叹息桥、时钟楼、穆拉诺岛

维罗纳
朱丽叶之家、圆形剧场、布拉广场、圣泽诺大教堂

意大利广场
Piazza Italia
博览会会场
Fiera Campionaria
2月6日广场
Piazza VI Febbraio
乔瓦尼二十三世广场
Piazza Giovanni XXIII
森皮奥内广场
Piazza Sempione
和平门
Arco D.Pace
基督圣体教堂
Corpus Domini
森皮奥内门
Porta Sempione
斗牛场
Arena
水族馆
Acquario
非洲广场
Largo Africa
凯撒广场
Piazzale Giulio Cesare
森皮奥内公园
意大利宪兵广场
Largo Carabinieri d' Italia
美术馆
Pal. Dell'arte
斯福尔扎古堡
Castello Sforzesco
圣玛丽亚塞格雷塔教堂
S.Maria Segreta
9月20日街
北站
圣彼得教堂
S.Pietro in Sala
巴拉卡广场
Piazzale Baracca
达·芬奇《最后的晚餐》壁画
Cenacolo Vinciano
感恩圣母教堂
S.Maria d.Grazie
剧院
Teatro Dal Verme
皮埃蒙特广场
Piazza Piemonte
马真塔门
Porta Magenta
斯泰利内宫
Palazzo D.Stelline
考古博物馆
Museo Archeol
交易所
Borsa
西西里广场
Piazza Sicilia
圣朱塞佩医院
Ospedale S.Giuseppe
圣安布罗焦广场
Piazza S.Ambrogio
圣维托雷阿尔科尔波教堂
S.Vittore Al Corpo
圣安布罗焦教堂
S.Ambrogio
斯坦加宫
Palazzo Stanga
科学技术博物馆
Museo Naz.D.Scienza E D. Tecnica
天主教大学
Universita Cattolica
圣阿戈斯蒂诺教堂
S.Agostino
阿奎莱亚广场
Piazzale Aquileia
圣贝尔纳迪诺教堂
S.Bernardino A.Monache
圣阿戈斯蒂诺广场
Piazza S.Agostino
8月广场
P.le De Agostini
索拉里游泳池
Piscina Solari
索拉里公园
罗萨里奥圣玛丽亚教堂
S.Maria del Rosario
罗萨里奥广场
Piazza del Rosario
教堂公园
那波利广场
Piazza Napoli
热那亚门站广场
P.le Stazione P.ta Genova
热那亚门站
Stazione Pta. genova F.S.
提契诺门
Pta. Ticinese
纳维廖圣玛丽亚教堂
S.Maria delle Grazie Al Naviglio
5月24日广场
Piazza XXIV Maggio
圣戈塔尔多教堂
S. Gottardo Alcorso
Naviglio Grande
军队广场
Piazzale delle Milizie
阿尔科莱广场
P.za Arcole
圣克里斯托福罗教堂
S.Cristoforo
阿杰拉蒂游泳池
Piscina Argelati
米兰研究所
Ist. Siero. Terapico Milanese
圣克里斯托福罗

米兰 Milano

米兰

米兰是意大利北部最大的城市,人口数量仅次于罗马。它是欧洲通向地中海的重要交通枢纽,全意大利的工商业中心。在罗马帝国时期就已成为繁忙的贸易城市,曾取代过罗马成为帝国的首都,经过西班牙人和奥地利人统治之后,便成为意大利的一部分。这个被世界公认的四大时尚之都之一的城市,同时汇聚了众多世界时尚名品,如阿玛尼、范思哲、普拉达、杜嘉班纳、华伦天奴、古奇、莫斯奇诺等。米兰时装周是世界最为重要的时装周之一,有世界时装晴雨表之称。米兰虽是一座现代化城市,但又保存着大量的艺术遗产和名胜古迹,如米兰大教堂、斯卡拉剧院、布雷拉画廊等,来到这里一定会让你的双眼和身心得到前所未有的满足。

米兰大教堂

米兰大教堂(Duomo di Milano)是米兰的象征,始建于1386年,直到1813年才完工,前后经历了五个世纪。呈拉丁十字形,长150米,宽55米,高107米,面积11 700平方米,可容纳四万人。它是哥特式建筑,有135个小尖塔,最高的尖塔上有一尊高4.2米的圣母玛利亚镀金雕像,有人称它为"刺猬式的大教堂"。它的正面有六组大方柱,五座大铜门,每座大门上有若干个方格,其中雕刻着圣经故事和各种图案,柱上有上百个人物雕像。教堂大厅有四根巨大圆柱和62根较小圆柱,支撑着拱形屋顶。大堂两侧有26扇高达二十多米的玻璃窗,全部用五彩玻璃拼成。被认为是世界第三大教堂(仅次于罗马的圣彼得教堂和伦敦的圣保罗教堂)。中堂分成五个通向祭坛的通道外加三个耳堂,显得雄伟、深邃。

米兰主教堂

贴士

哥特式建筑（Architettura Gotica）

13—15世纪欧洲流行的主要建筑式样之一，起源于法国，如巴黎圣母院和米兰主教堂。这种建筑的特点是用尖形的拱门代替罗马式的半圆形拱门，外部有许多高耸的尖塔，把人的目光引向天国。窗户较大，饰有彩色玻璃图案，有许多以宗教故事为题材的浮雕、壁画和雕刻，装饰富丽堂皇。

斯卡拉歌剧院

斯卡拉歌剧院（Teatro alla Scala）建于1778年，前身是大公爵剧院，1776年被火烧后重建。修建它的是奥地利女皇泰雷莎，历时一年零九个月才建成。由于它建在原斯卡拉圣玛利亚教堂的遗址上而得此名。剧场池座面积为405平方米，有六层楼座，其中一至四层为包厢，内部装饰豪华，整个剧场可容纳2200多名观众。它的音响效果很好，被认为是"最完美的剧场"。建成后，世界著名音乐家特别是意大利作曲家罗西尼、威尔第、普契尼的许多作品相继在此演出。剧院里还有一个斯卡拉剧院博物馆，展出歌剧界名人的肖像、文物、半身雕塑、乐谱、海报等。

贴士

《最后的晚餐》（Cenacolo, 1495）

《最后的晚餐》是达·芬奇的名画。在米兰的圣玛利亚教堂（Santa Maria della Grazia）隔壁的温恰诺餐厅（Cenacolo Vinciano）墙壁上，绘有达·芬奇的名画《最后的晚餐》，画面高4.97米，宽8.85米，主题表现《新约全书》中所说犹大为了30个金币出卖耶稣的故事。耶稣预知有人要出卖他，便同他的12个门徒共进晚餐，神情悲愤严肃，两手摊开，一语道破他们中有一人将出卖他，餐后他将被罗马帝国的总督逮捕并钉死在十字架上，他把饼和酒分给大家，说这是他的身体和血。顿时语惊四座，但各人表情不一：震惊、激动、怀疑、愆怒和忧愁，而面容灰暗的犹大则紧握钱袋，表现紧张和恐惧。画面上12个门徒，以耶稣为中心，自然地分成左右对称的四个小组，人物生动但又以耶稣为中心，突出他的崇高形像，形成浑然一体的完美画面。这幅画被视为西方绘画史上的"拱顶之石"。

圣安布罗焦教堂

圣安布罗焦教堂（Basilica di Sant Ambrogio）始建于公元4世纪，初为圣徒安布罗焦所建，公元9—11世纪又进行了扩建。安布罗焦曾任罗马帝国驻米兰的总督和主教，由于他的功劳，使罗马帝国皇帝狄奥多西一世于公元392年宣布基督教为国教，并严禁异教信仰，但反对屠杀异教徒。这座教堂被称为米兰"最美的中世纪建筑"，内有安布罗焦的坟墓。

安布罗焦图书馆和美术馆

安布罗焦图书馆和美术馆（Biblioteca e Pinacoteca Abrosiana）的建筑精美，图书馆中保存有达·芬奇的手稿《大西洋手稿》《Codice atlantico》。美术馆中最著名的作品有卡拉瓦乔的《水果篮》、达·芬奇的《音乐家》和拉斐尔的《雅典学院》。

圣欧斯托尔焦教堂

圣欧斯托尔焦教堂（Basilica di Sant Eustorgio）始建于公元6世纪，13世纪时又按罗马风格进行了改建。其中保存着13—14世纪的珍贵壁画，还有一些小教堂，特别是在波尔蒂纳里小教堂（Cappella Portinari）中保存的圣彼得马尔蒂雷石棺、壁画和穹顶值得一看。

纪念墓园

纪念墓园（Cimitero monumentale）是一个环境优美，供游人参观的墓地。这里在绿荫和喷泉之间有各种风格的雕塑。它既是墓地也是露天博物馆。其中还有装饰豪华的名人墓，如文学家曼佐尼、音乐家威尔第的坟墓。一些墓碑的铭文发人深思，雕塑给人美的享受。

米兰圣玛利亚感恩教堂

克雷莫纳人

克雷莫纳

克雷莫纳（Cremona）是一个位于米兰东南80公里处的波河岸边的美丽小城，虽然有高达112米的钟楼和哥特式的教堂、洗礼堂和政府大楼，但它的名声却以制作精湛的小提琴技艺而闻名世界。该城只有七八万人口，但有着上百家小提琴商店和200名以上小提琴制作师傅。那里有个斯特拉迪瓦里弦乐器博物馆，因意大利伟大的小提琴制作大师斯特拉迪瓦里诞生于此而得名。

贴士

斯特拉迪瓦里（Antonio Stradivari，1644-1737）

斯特拉迪瓦里活了92岁，一生大约制作了1200多件乐器（包括小提琴、中提琴、大提琴、吉他），流传至今的约有500把，其中一半还能使用，都是无价之宝。后世许多人想模仿他的技艺，但都未有超越他的人。据说他用阿尔卑斯山的雄性红杉木作小提琴的面板，背板和侧板则采用花纹匀称的枫木，琴头的直板用热带产的乌木，加上特殊的晾干和上漆工艺制作而成，如油漆有的要上40次以上。他的师傅是古典提琴学派创始人阿马蒂（Andrea Amati，1505-1617）。现代歌剧的创始人蒙特威尔第（Claudio Monteverdi,1567-1643）也出生于此，他的代表作有《达芙尼》（Dafne）和《奥尔菲斯》（Orfeo）。

都灵

都灵（Torino）是皮埃蒙特区的首府，坐落在波河左岸，是该地区的经济和工业中心，意大利汽车制造厂菲亚特公司（Fiat）所在地。历史上它是罗马帝国的一个城市，中世纪时是伦巴第公国的首都，从13世纪开始为萨沃亚人所统治。根据1713年的乌得勒兹条约，萨沃亚公爵阿马德乌斯二世成为西西里国王，后又根据各大国间的伦敦条约，被迫将西西里割让给奥地利，作为交换条件，获得了前属于西班牙的撒丁岛，其后代占据了意大利东北部的大部分领土，这就是历史上的撒丁王国，都灵是它的首都。1861年，艾马努埃莱二世统一意大利以后，成为意大利国王，都灵又成为意大利王国的首都。都灵市容的特点是街道为棋盘式布局，主要街道都带廊柱，行人不必担心淋雨。

王宫

王宫（Palazzo Reale）1660年始建，正面高30米，宽107米，位于都灵市中心。内部装饰金碧辉煌，现在部分作为博物馆，其中有一个展示中国瓷器的中国厅。萨沃依王宫被联合国教科文组织列入世界文化遗产名录。

太后宫

太后宫（Palazzo Madama）原为中世纪的一座城堡，15世纪初改为王室的宅第，由太后玛利亚·克里斯蒂娜居住。现在是古代艺术博物馆（Museo Civico di Arte Antica），收藏着大量中世纪和文艺复兴时期的雕塑、绘画、书籍和手稿，如18世纪威尼斯著名画家提耶波罗（Tiepolo）的描绘古罗马皇帝东征的画《奥勒利安的凯旋》。在楼上的图书馆收藏有达·芬奇的著名红笔素描《自画像》。

埃及博物馆

埃及博物馆（Museo Egizio）建于1824年，收藏着极为丰富的古代埃及文物，多数都有3000年以上历史。故有人说除埃及外，埃及学就要听意大利人怎么说了。

都灵大教堂

都灵卡斯泰洛广场

都灵王宫

利古里亚

利古里亚（Liguria）区位于意大利北部，是夹在高山、丘陵和海洋之间的一片半月形地带，西面与法国接壤。人口密度较大，大多住在沿海，它由热那亚、因佩里亚、斯佩齐亚和萨沃纳四个省组成，区首府在热那亚。它和皮埃蒙特区、伦巴第区形成意大利历史上的工业三角洲，经济发达。那里气候温暖、植物繁茂、怪石嶙峋、海水湛蓝、山村宁静、风景如画。如：有众多别墅的波托菲诺岬角（Promontorio Portofino）、多位诗人造访过的"诗人之湾"斯佩齐亚湾（Golfo la Spezia）、中世纪的小城伊夫雷亚（Ivrea）和有"花卉天堂"之称的圣雷莫（S.Remo）。

热那亚

热那亚（Genova）属利古里亚区，是意大利最大的港口城市，也是地中海第二大港口，仅次于法国马赛。市中心在费拉里广场，广场中央有巨大的喷泉，周围有教堂、剧场、总督府等。这里的旅游景点很多，如多里亚-图尔希宫、白宫、红宫、圣洛伦佐大教堂、斯特涅诺公墓和巨大的水族馆，在那里还可以看到海豚、海豹、鲨鱼以及形状各异的彩色鱼类。

多里亚·图尔希宫

多里亚-图尔希宫（Palazzo Doria Tursi）是一幢文艺复兴风格式的建筑，正面用粉色、黑灰色和白色的石材建成，进大门便是庭院，上下两层均有带廊柱的长廊，内部装饰精美，收藏有许多艺术珍品和历史文献，自1848年起就成为热那亚市政府的办公地。

白宫

白宫（Palazzo Bianco）是一幢16世纪的巴罗克式建筑，原本是白色，但由于年代久远，石头颜色变深。曾是萨莱女公爵的私产，她是一个爱好收藏艺术品的人，其后人将它赠予了市政府。那是加里波第大街上最宏伟的建筑之一，现在是博物馆，里面收藏着许多佛兰德大画家的作品。

热那亚

红宫

红宫（Palazzo Rosso）在白宫的街对面，也属于同一主人所有，一幢两层的建筑，并带有美丽的庭院。其中收藏着维罗内塞、凡·代克等著名艺术家的作品。它建于1670年，正面用热那亚的传统红色装饰，故名红宫，与白宫相对应。

热那亚红宫

圣洛伦佐大教堂

圣洛伦佐大教堂（Catedrale di S. Lorenzo）是一座文艺复兴—哥特式的建筑，建于1118年，据说是公元3世纪时由这位圣徒奠基的，因而得名。门上有一幅描绘这位罗马圣徒殉难的浮雕。在处以火刑时，圣徒嘲弄地对刽子手说："一面已经烧好了，请把我翻过来，开始用餐吧。"教堂内部肃穆、简朴，中殿和走廊简单地用黑白两色大理石装饰。教堂内还附有一个珍宝馆，其中一件圣物是罗马时期制作的绿色玻璃盘，据说是耶稣在最后的晚餐中用过的。

斯特涅诺公墓

斯特涅诺公墓以墓碑和雕塑闻名，因建在斯特涅诺山上而得名。那里绿树成荫、鲜花盛开、雕像很多、环境幽静，不少名人安葬在那里。如在马志尼的墓碑上写着六个字："家庭，祖国，天主"。

热那亚圣洛伦佐大教堂

旅游资讯 地图导览

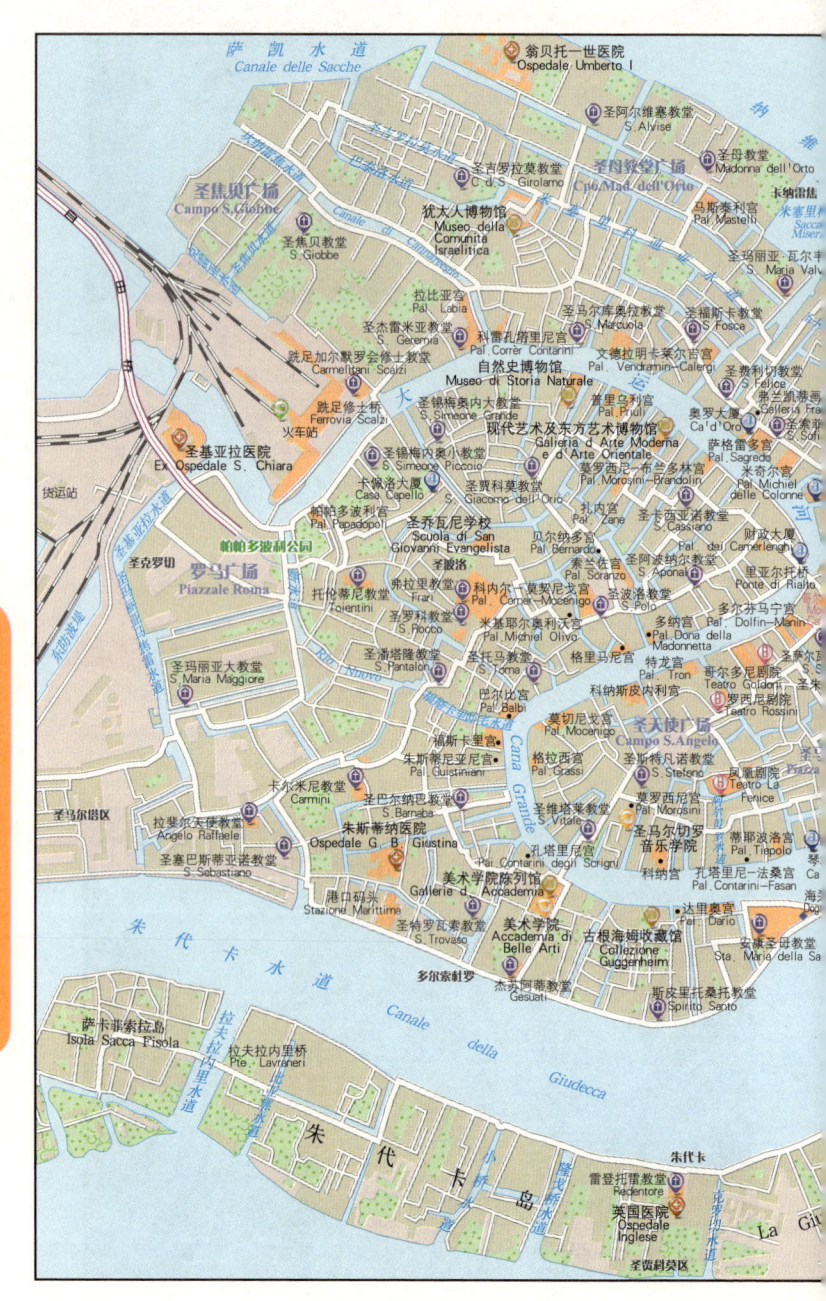

威尼斯 Venezia

威尼斯

威尼斯（Venezia）最初建立在公元5世纪，当时是为了躲避北方蛮族的入侵，半岛上的居民来到这里，13世纪末时，威尼斯已经变成全欧洲最繁荣的都市之一。这座城市有"水都"之称，既有独特的外貌，又有丰富的艺术宝藏。这里看不到汽车，大部分地方，特别是夜里十分安静。还有人开玩笑说，这里没有小偷，主要是逃跑不方便。

时钟楼

时钟楼（Torre dell'Orologio）建于1499年，为文艺复兴时期的建筑师马乌罗所设计。钟楼上悬挂一口大钟，两旁各有一个铜铸的莫尔人（黑人），每隔一小时自动轮流敲钟，引来不少游客驻足观看。往下则有一个象征威尼斯的长翅膀的雄狮像，雄狮一只爪子还扶着一本《马可福音》书。

钟塔

钟塔（Campanile）位于圣马可广场，高98.6米，宽12米，内有五口大钟。16世纪建的塔在1902年倒塌，现在的塔是在1912年在原址上重建的。你可以乘电梯上去欣赏美景，整座城市的风光一览无余。塔尖上有一个展翅欲飞的天使。

叹息桥

叹息桥（Ponte dei Sospiri）是连接执政官宫与监狱之间的一座石桥，直到16世纪，审判犯人都在执政官宫顶层或地下室的水牢

叹息桥

进行。1598年修建了新监狱，但监狱与执政官宫之间有运河相隔，这样便在运河上修建了一座桥式走廊，那就是著名的"叹息桥"。相传被判处死刑的囚犯从法庭走向监狱时，每当看到圣马可广场的美景，无不发出一声哀叹。

圣方济会荣耀圣母教堂

威尼斯方言称方济各会的修士们为Frari，他们大约在1222年进入威尼斯传教，这座教堂建成于15世纪40年代。它拥有威尼斯最高的钟楼，但最吸引人的是里面有一幅提香画的光彩夺目的祭坛画《圣母升天》（Ascesione della Vergine）：上部是上帝和与天使欢迎圣母升天，中部是圣母在天使簇拥下升天，下部是信徒们惊喜地望着圣母升天。充满世俗精神和欢乐的场面。

美术学院陈列馆

美术学院陈列馆在大运河的第一座桥——学院桥附近，收藏着文艺复兴时期威尼斯画派的主要作品，特别是贝利尼父子、乔尔乔内、提香、维罗内塞、丁托列托的作品。展现了威尼斯画派从出现到18世纪的历史。共有18个展厅。其中的重要作品如：乔尔乔内的《暴风雨》、洛托的《书房里的男子》、维罗内塞的《财主与乞丐》、丁托内托的《圣马可拯救奴隶》、乔瓦尼·贝利尼的《小树木里的圣母》和提香的《施洗者圣约翰》。

贴士

威尼斯画派

威尼斯画派是意大利文艺复兴时期的主要画派之一，创始人为贝利尼父子，16世纪前半叶发展到最高峰，成为当时欧洲绘画的中心。代表人物还有乔尔乔内、提香、丁托列托、委罗内塞等。他们的特点是注重色彩和光线，人物形像饱满、生动，虽仍较多取材于宗教和神话故事，但已更倾向于世俗享乐，间接反映当时的社会生活。

提香（Tiziano，1482-1576）是威尼斯画派杰出的代表，擅长用色彩，特别是金橙色，有"金色提香"之称。他不重视故事的具体情节，而是着眼于表现人的完美，通过对人和大自然的赞美，唤醒人们对生活的热爱。他留下一千多幅作品，代表作如《人间的爱和天上的爱》《纳税钱》《花神》等。他死于威尼斯流行的瘟疫，享年94岁。

布拉诺岛

布拉诺岛

布拉诺岛（Burano）是威尼斯花边业的中心，有许多小商店出售带花边的纺织品。还可以看到一些老大娘坐在树荫下的长椅上悠闲地织着花边，背景是蓝天、白云、大海，极其安静。

托尔切洛岛

托尔切洛岛（Torcello）是潟湖区最早的居民点，岛上有公元7世纪建的拜占庭教堂，它的墙上有一幅巨大的镶嵌画。

多利岛

多利岛（Lido）是一个狭长的小岛，长约12公里，风光秀丽，是有名的度假胜地。从1932年起，每年都在这里举办威尼斯电影节，更让这个小岛声名鹊起。而圣米盖尔岛（San Michele）以15世纪建的教堂和公墓闻名于世界。

维罗纳

维罗纳（Verona）是在威尼托省中仅次于威尼斯的第二大城，也是意大利北方最繁荣的重镇之一。公元前1世纪成为罗马帝国的殖民地，被认为是除罗马以外，最"罗马化"的城市，留下了许多古罗马时期的建筑。

圆形剧场

圆形剧场（Arena）建于公元30年，可容纳25 000名观众观看人兽竞技，现在是每年夏季举办盛大歌剧演出的场地。它实际上是一个椭圆形露天剧场，长直径138米，宽直径109米，分内外两圈。外圈三层，用大理石建造，是用于保护内圈的围墙。内圈分上下两层，周围有72扇拱门。场内正中是表演场地，长73米，宽44米。周围是台阶式观众席，由下向上，一圈比一圈大，共40圈。常演的剧目有《阿伊达》《图兰朵》等，演员和乐队阵容强大，骆驼、马都出场，观众手持蜡烛边听边看唱词。

厄尔巴广场

厄尔巴广场（Piazza delle Erbe）是过去古罗马时代的广场，有许多商摊。有15世纪前建的兰贝蒂塔（Torre dei Lamberti），高84米。一座1368年建的喷泉和巴洛克风格的玛菲尔宫（Palazzo Maffei），楼顶上有6座神像雕塑。

维罗纳竞技场

维罗纳圣泽诺大教堂

布拉广场

布拉广场（Piazza Bra）是市内最大的广场，内有花园、喷泉和艾玛努埃尔二世的铜像，旁边白色的新古典主义建筑是巴尔比埃利宫（Palazzo Barbieri）建于1838年，现在是市政府所在地。

圣泽诺大教堂

圣泽诺大教堂（Basilica di San Zeno Maggiore）是罗马式的古老大教堂之一，初建于公元4世纪，1398年扩建为现在的规模。它的两扇铜制大门上各有24幅浮雕，描写维罗纳的保护神泽诺的事迹，十分精美。泽诺的墓在祭坛下，相传他原本是个渔民，因见到一个人被发疯的公牛拖入河中，便画了一个十字，那人因而得救。教堂里还安葬了法兰克国王矮子丕平（Pepin the Short），他是查理曼大帝的父亲、法兰克王朝的创建者，公元754年率军队进入意大利。

维琴察

维琴察（Vicenza）在中世纪是个自由城邦，15世纪初因受到米兰军队的威胁，主动与威尼斯联合。维琴察大规模的建筑创新发生在16世纪。维琴察山明水秀，相距威尼斯仅70公里。而威尼斯虽美，却是一个弹丸之地，它受水域限制，陆地很少，当时一些显贵们想到陆地居住，建造消夏别墅，于是到维琴察购买土地，向维琴察投资建筑。

贴士

巴拉迪奥（Andrea Palladio,1508-1580）

巴拉迪奥，著名建筑师，出生于帕多瓦人，但在维琴察找到了他的赞助人特里西诺（Trissino），数十年间他用自己设计的方案，改变了城市的面貌。据统计，由他设计的建筑共有54座之多，且保存完好，内部富丽堂皇。帕拉迪奥为维琴察留下的新古典主义风格建筑，得到联合国教科文组织的承认，他为贵族们设计的别墅，周围还环绕着漂亮的花园。他的代表作有巴西利卡(Basilica Palladina)、园厅别墅（Villa Rotonda）等。

维琴察

帕多瓦

帕多瓦

　　帕多瓦是一座文化名城，位于威尼斯西面。历史学家李维是帕多瓦人。这里有大量艺术珍品，和历史仅次于博洛尼亚大学的帕多瓦大学，还有一个创建于1545年的欧洲最古老的植物园。

帕多瓦大学

　　帕多瓦大学（Universià di Padova）成立于1222年，乔叟（Geoffrey Chaucer，大约1340-1400）曾在这里向彼得拉克学习，但丁、哥白尼、伽利略都在这里讲过课，也是一所最早接受女大学生的大学。

隐修士教堂

　　西方绘画之父乔托曾在其中的斯克罗维尼小礼拜堂（Cappella degli Scrovegni）留下了描述耶稣生平的36幅系列壁画。其中最著名的是《金门之会》《逃亡埃及》《犹大之吻》和《圣母哀悼基督》。

理性宫

　　建于1218年，是中世纪的法院，位于市中心的厄尔巴广场上，其中宽敞的大厅中装饰着精美的壁画。木马是多纳泰罗原作的复制品。

主教堂

　　旁边的洗礼堂（Battistero）还保留着公元4世纪的罗马建筑风格。

圣安东尼大教堂

　　圣安东尼大教堂（Basilica di Sant Antonio）建于1232年，有尖塔和大圆顶，受拜占庭建筑风格的影响，其中保存了圣人遗骨，是个宗教游览胜地。

173

瓦莱达奥斯塔

瓦莱达奥斯塔(Valle d'Aosta)位于意大利西北角上，北部同瑞士接壤。只有奥斯塔一个省，是各区中最小的一个区。奥斯塔城最早为古罗马皇帝奥古斯都所建，至今还保留着许多古罗马建筑。这里山脉纵横，有欧洲最高的山峰朗勃峰，以及切尔维诺峰、罗萨峰，居住着讲法语的少数民族。有高山植物，动物有野山羊、小羚羊、貂、狐狸等。有高山冰川，幽静的峡峪，池边的古堡，还有"大天堂国家公园"(Parco Nazionale del Gran Paradiso)自然保护区。这里可以远离城市的喧嚣，是宁静的度假胜地。

博尔扎诺

博尔扎诺是特伦蒂诺-上阿迪杰区博尔扎诺省的省会。建城于公元7世纪，人口约10万左右，位于威尼斯西北偏北，靠近奥地利边境城市因斯布鲁克。它地处阿尔卑斯山南坡，阳光充足，是同北方德国交往的重要通道。历史上曾被奥地利长期占领，1918年才回归意大利，那里三分之二的人讲德语，为少数民族自治区，生活水平较高。德语和意大利语同为官方语言，路牌和商店名称都用双语标出，学校也用双语授课。这里山明水秀，是特伦蒂诺-上阿迪杰区的旅游中心和游览胜地，因阿尔卑斯山的风光而闻名，意大利的第二大河阿迪杰河穿流而过，许多德国人来此度假。

古城堡

古城堡(Castel Roncolo)建于13世纪，日尔曼风格。

主教堂

主教堂(Duomo)建于14世纪。

柱廊街

柱廊街（Via dei Portici）是老城的一条富有特色的商业街，有水果市场，在拱廊下有许多豪华的商店和15、16、17世纪修建的带凉台的房子。主要工业有木材加工、食品和机械制造，商业和旅游业发达，农业盛产葡萄，每年都要举办葡萄酒交易会。

博尔扎诺城堡

博洛尼亚主广场

的里雅斯特

的里雅斯特（Trieste）市是弗留利-威尼斯区首府，同时它也是全国第二大商港。区内住着讲斯洛文尼亚语和拉第尼亚语的少数民族。这里高原风光、丘陵景色、海滨潟湖、风光迷人。如帕尔马诺瓦的城市设计特别，是一座九角星城，每个角上都建有古堡。区内盛产花卉，动物有红鹿、小羚羊、獐、野猪、棕熊等。

艾米利亚—罗马涅

艾米利亚—罗马涅大区（Emilia-Romagna）在意大利中北部，由博洛尼亚、费拉拉、帕尔马、拉韦纳、弗利、摩德纳、皮亚琴察、雷焦艾米利亚和里米尼九个省组成，区首府是博洛尼亚。古罗马人开辟的艾米利亚大道穿越本区，于是得名，沿途的几个大城市都是古罗马人建立的古老城市，多古迹遗址。亚得里亚海边的一些城市，如里米尼等则是海滨休假胜地。该区农业发达，主要生产小麦、玉米等。科马基奥低地盛产鳗鱼，帕尔马的奶酪驰名国外。

博洛尼亚

博洛尼亚（Bologna）是艾米利亚——罗马涅区的首府，是意大利公路和铁路的交通枢纽，不仅是南北交通要道太阳能高速公路的必经之地，也是连接帕多瓦、威尼斯的重要通道。它建城于公元前6世纪，历经伊特鲁里亚人、罗马人、拜占庭人、伦巴第人和法兰克人统治,11世纪成为自由城邦。1513年成为教皇国的一部分。1859年并入意大利王国。博洛尼亚市政府的墙壁上挂满了几千名烈士的照片,他们都是历史上反抗侵略、保卫祖国的英雄。博洛尼亚不仅是个英雄的城市,也是个经济文化发达的城市。它是全国最重要的农业区之一,也是重要的商业贸易中心,每年举办的国际博览会就像米兰、巴厘岛一样,闻名各地。特别是这里经常举行的鞋业展览会,享誉世界。在文艺复兴时期,博洛尼亚涌现出许多艺术家,形成博洛尼亚画派。19世纪意大利的两位大文豪卡尔杜齐和帕斯科利都是博洛尼亚人。博洛尼亚大学是世界上最古老的大学,建于11世纪,最初以研究罗马法闻名,后来成为研究民法和宗教法的中心,吸引着欧洲各国的学生,包括在政府和教会任职的人,文艺复兴时期的诗人彼特拉克和波兰的天文学家哥白尼就在那里学习过。后者在那里用了三年半的时间学习数学、希腊文和柏拉图的著作。它的城市建筑仍保留着中世纪风貌,古建筑多为橙红色,街道两旁的人行道上有为行人免受日晒雨淋而设的柱廊。旧城以相连的马焦雷广场(Piazza Maggiore)和内图诺广场(Piazza Nettuno)为中心,两广场连接处是13世纪建造的恩佐王宫(Palazzo Re Enzo)和最高行政官宫(Palazzo di Podestà)。

海神喷泉

海神喷泉在内图诺广场的中央,这是一尊青铜雕像,法国雕刻家贾波罗尼创作于1566年,手持三叉矛的海神高三米多,脚下有四个小天使与海豚嬉戏,90多股泉水涌出,再流入下面的石盆中。圣佩特罗尼奥教堂(Chiesa di S. Petronio),在马焦雷广场边上,它是博洛尼亚最大的教堂,1390年始建,是最美丽的哥特式风格教堂之一,用红白相间的大理石建造。内有15世纪的壁画,大门上有描绘圣经故事的浮雕,中间一座大门上的浮雕为奎尔查(Jacopo della Quercia)的杰作。圣米凯莱教堂建在一个山坡上,有一个长长的阶梯式走廊与上面的圣母堂连接。双塔(Due Torri)是博洛尼亚的象征物,这是两座高低不一的方形斜塔,1109年建造,据说当时有两家贵族竞赛,谁家的塔修得高,谁便可以统治这个城市,结果加利森迪家的塔(Torre Garisendi)因基础不牢,严重倾斜,半途而废,只建了48米高;而阿西内利家的塔(Torre degli Asinelli)则建到了97米高,只倾斜了一米多,内有498级台阶通往塔顶。在此登高望远,美景尽收眼底。离双塔不远的国立艺术画廊,珍藏有乔托、拉斐尔和提香等人的作品。

博洛尼亚圣佩特罗尼奥教堂

里米尼

里米尼

里米尼（Rimini）地处亚得里亚海的马雷基亚河口，城市分为两个部分：古城和距海滨1.6公里的现代化度假新城。它距圣马力诺共和国仅20公里，人口十多万。古城的历史悠久，是艾米利亚大道和弗拉米尼亚大道的交叉点，公元3世纪时就是罗马人的一个要塞。历史上一直是教皇和皇帝争夺的目标，1334年开始由马拉泰斯塔家族统治，以后又成为教皇国的一部分。因此，古城区有许多古罗马和文艺复兴时期的古迹，吸引游人参观，如马拉泰斯提亚诺神庙（Tempio Malatestiano），其中有西吉斯蒙多·马拉泰斯塔（Sigismondo Malatesta）和他的第三位妻子伊索塔（Issota）的坟墓，还有许多精美的异教徒人物雕像。此神庙由佛罗伦萨的著名建筑师阿尔伯蒂（Leon Battista Alberti）设计，是文艺复兴风格。里米尼的海滨浴场长14公里，旅馆林立，服务设施完善，每年都有大量北欧旅客来此度假。

拉韦纳

拉韦纳（Ravenna）濒临亚得里亚海，因为当时它是直接通往拜占廷的海上贸易中心，公元5世纪时是西罗马帝国的首都，经历了数世纪的辉煌。那里保留了一些罗马帝国晚期的教堂和陵墓，它们外表简朴，内部的赛克镶嵌画装饰却十分豪华。

圣维塔雷教堂

圣维塔雷教堂建于公元521—547年,由东罗马皇帝查士丁尼下令所建,由于东罗马帝国皇帝狄奥多西一世已于公元392年宣布基督教为国教,因此内部有大量以《圣经》人物为题材的镶嵌画。教堂呈八角形,拜占庭样式,中间的圆顶由八根大柱支撑。用金色搭配的各色镶嵌画,其中也有查士丁尼皇后的形像,在阳光下随着观众脚步的移动闪闪发光,十分生动,是拜占庭镶嵌画的代表作。

普拉奇迪娅公主陵墓

普拉奇迪娅公主陵墓(il Mausoleo di Calla Placidia)建于公元440年前后,这位公主是东罗马皇帝狄奥多西(Teodosio)大帝之女,蓝色的大圆顶上缀满金星,中央是个金十字架,周围是描述耶稣和众使徒的故事,被认为是基督教早期最美的艺术作品。但丁墓(Tomba di Dante),但丁因在当时的佛罗伦萨政治斗争中失败,遭到放逐,此后便在意大利北部各城市过着流浪生活。1316年应拉韦纳当权的波伦塔家族的邀请到该地定居,并完成了他的不朽著作《神曲》。此后的余生便在此度过,卒于1321年9月14日,安葬在圣方济各教堂旁。

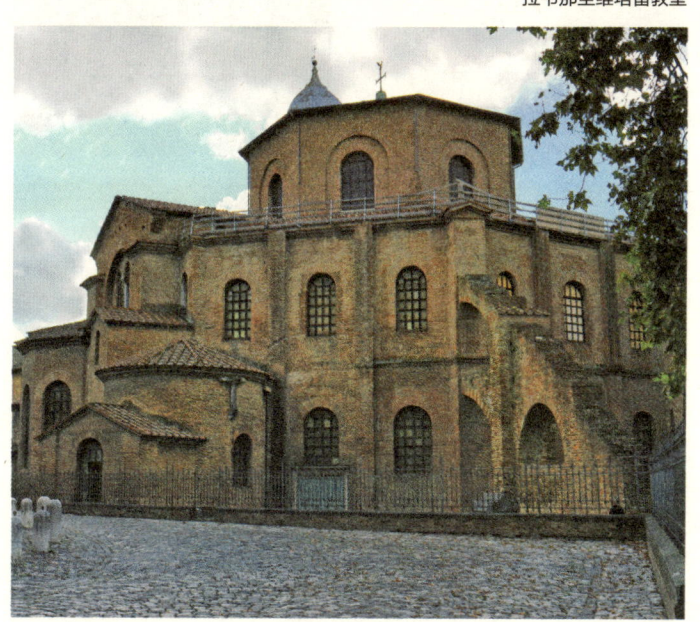

拉韦那圣维塔雷教堂

摩德纳

摩德纳（Modena）是意大利东北部的一个小城市，人口十多万，因为地处波河平原，经济比较发达；文艺复兴时期受埃斯特家族统治，推行文艺保护政策，是当时重要的文化中心之一，留下的文物古迹甚多。摩德纳还是意大利著名跑车法拉利汽车公司所在城市，它曾在世界跑车比赛中多次夺冠。

摩德纳主教堂

埃斯特图书馆

埃斯特图书馆（Biblioteca Estense）藏有1481年的《神曲》手抄本和一本精美的埃斯特圣经（Borso d'Este），其中有1200幅15世纪费拉拉画派所作的插图。

主教堂

主教堂（Duomo di S. Geminiano）建于11世纪，为文艺复兴风格，由著名建筑师兰弗朗科（Lanfranco）设计，装饰富丽堂皇，用于保存该城的保护神圣徒杰米亚诺的遗骨。

基尔兰蒂娜塔

基尔兰蒂娜塔（Torre Ghirlandina）是教堂旁边的一个钟塔，用白色大理石建造，高84米，塔楼上吊着一只水桶，是中世纪同博洛尼亚发生战争时得来的战利品，几百年来被当地人看作自由的象征。

贴士

帕瓦罗蒂

摩德纳也是世界著名男高音歌唱家帕瓦罗蒂的故乡，他1955年毕业于该市的一所师范学院，后在一所小学任教，1961年开始其歌唱家的专业生涯。

费拉拉

费拉拉（Ferrara）位于意大利北部，波河下游的平原上，交通便利，经济发达，生活水平较高，曾是文艺复兴时期的重要文人荟萃的地方。城市建筑完好地保存了中世纪和文艺复兴时期的风貌。

城墙

城墙（le Mure）长九公里，建于14-15世纪，用红砖修建，有塔楼和哨楼，南面有四个坚固的碉堡。

埃斯特城堡

埃斯特城堡（il Castello Estense）建于1385年，是埃斯特家族的宅第，它由城墙、塔楼、护城河和吊桥组成，主要起防卫作用。建筑师是巴尔托利诺（Bartolino da Novara）。内部装饰豪华，有不少以宗教故事和运动、娱乐为题材的镶嵌画和壁画。

费拉拉古城堡

费拉拉古城墙

主教堂

主教堂(la Cattedrale)建成于1135年，主要供奉该地的保护神圣乔尔焦，属罗马式风格，但顶层又有三个哥特式尖顶。楼上是博物馆，藏有文艺复兴时期费拉拉画派的许多作品，如杜拉的《圣母领报》。

公爵府

公爵府（Palazzo Ducale）始建于1243年，是一座古老的建筑。埃斯特家族在迁居到城堡之前，直到16世纪都居住在这里，拱形的大门两侧还有该家族的公爵和侯爵的雕像。现在是市政府所在地。

排忧宫

排忧宫（Palazzo Schifanoia）是埃斯特家族修建在波河边上的一个夏宫，在那里举行宴会和娱乐活动。

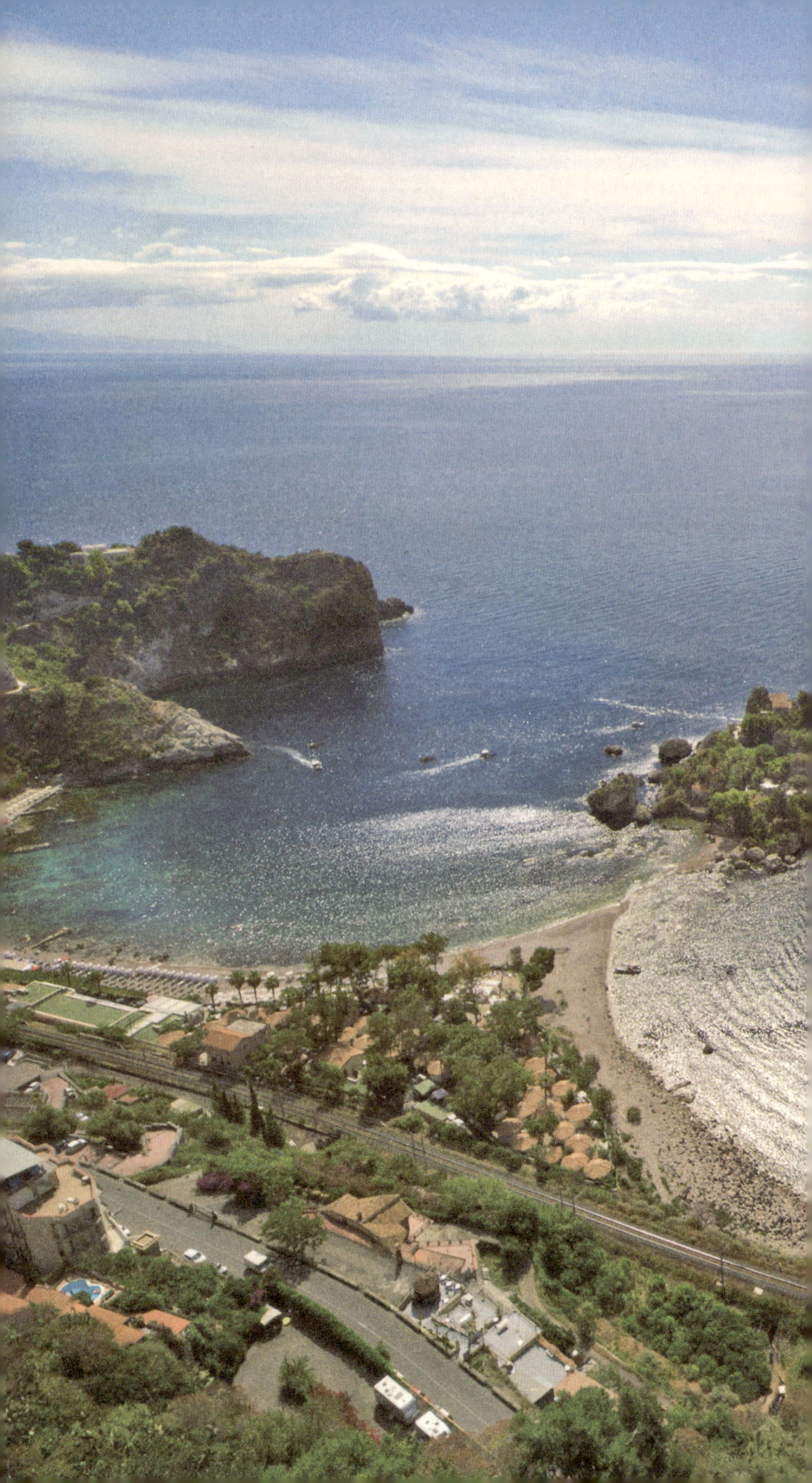

南部地区旅游热点

那波利
那波利王宫、卡普里岛、蛋形城堡、埃尔科拉诺

阿格里真托
奥林匹克的宙斯神庙、大力神神庙、协和神庙、塞利农特神庙

锡拉库萨
古希腊露天剧场、古罗马露天剧场、阿基米德墓

普利亚
蒙特城堡、卡斯特拉纳溶洞

那波利

那波利以著名民歌《我的太阳》闻名于世。它濒临那波利海湾，海拔17米，全城长约10公里，是地中海著名的风景胜地之一。由于历史的变迁，给它留下了众多的古迹：13世纪建立的马希奥城堡是该城市的象征；17、18世纪修建的皇宫；13世纪的哥特式大教堂；圣赫纳罗的巴洛克式小教堂；此外还有一些环境幽雅的修道院、陵墓、城堡，以及风光优美的小海湾、别墅公园、特别是俯瞰那波利海湾的美丽的卡波迪蒙特公园。那波利是重要的港口，商业是经济的主体。漫步城中，礼拜堂、教堂以及巴洛克风格的建筑随处可见。你也可以欣赏到古代的杰作，其中包括耶稣诞生的画作（亚美尼亚的圣格里高利）。

新城堡

新城堡（Castel Nuovo）建于1272年，是安茹王朝的查理一世修建的。它既是王室住地，也是防御要塞，五座高大的圆形碉堡与城垣相连，气势雄伟，是那波利城市的象征。城门口有一座精美的文艺复兴式凯旋门，建于1476年，纪念西班牙阿拉贡王朝入主那不勒斯。城堡中的男爵大厅（Sala dei Baroni）现在是市议会开会的场所。

那不勒斯新城堡

蛋形城堡

蛋形城堡（Castel dell Ovo）即老城堡，它原是古罗马人的一幢别墅，12世纪时经过扩建，先后作为修道院和监狱，现在是一些会议的开会场所。从那里可以眺望那波利海湾和维苏威火山的美景。

国家考古博物馆

国家考古博物馆（Museo Archeologico Nazionale）是世界上最有名的博物馆之一，建于18世纪下半叶，珍藏着大量古希腊和古罗马的雕塑、镶嵌画和壁画，以及被火山灰掩埋的庞贝和埃尔科拉诺的出土文物。被视为镇馆之宝的《伊苏之战》表现亚历山大大帝战胜波斯皇帝的战争场面，规模宏大，人物众多，描绘生动。

《荷矛战士》

《荷矛战士》是公元前5世纪希腊著名雕刻家波留克列特斯（Polycleitus）作品的复制品。雕像的姿势表现和谐统一。作者定下法则：认为人的身长与头的比例应是7：1才是最美的。

那不勒斯圣杰纳罗教堂

大教堂

大教堂（Duomo）也称圣杰纳罗教堂（Chiesa di San Gennaro），建于13世纪，雄伟的正面是19世纪的建筑。杰纳罗是那不勒斯的保护神，他在公元305年殉教。16世纪瘟疫流行时，许多信徒向他祈祷。教堂中供奉着他的头骨，墙上的壁画描绘了他的生平。教堂地下还有古希腊罗马时期的水道供游人参观。

埃尔科拉诺

埃尔科拉诺（Ercolano）是被火山灰掩埋的另一个约有5000人的小城镇，相传为大力神赫克里斯（Ercole）所建，拉丁文的名字又叫"赫库兰尼姆"。与庞贝城不同的是，这里是被火山喷出的泥石流所掩埋。从以上两地发掘出来的尸体，生动地再现了灾难发生时的情形。庞贝古城和埃尔科拉诺也是受联合国教科文组织保护的人类文化遗址。

那不勒斯埃尔科拉诺

卡利亚里

　　卡利亚里（Cagliari）是区首府，地中海里的第二大岛。它是由迦太基人在公元前9世纪建立的，历史上经历罗马人、日尔曼人、阿拉伯人、奥地利人等统治，1720年成为撒丁王国的一部分，1948年成为共和国的自治区。传统经济以农牧业为主，沿海盛产龙虾，风光优美，古迹很多。这里也是意大利共和国创始人葛兰西的故乡。当地的有名景观是一种圆塔形平顶的叫作"努拉吉"（Nuraghe）的石头民居，它是公元前15世纪左右的人为了防卫，完全用石头堆砌起来的居所，能够保持至今，在卡利亚里的一些地方尤为集中。

巴勒莫

　　巴勒莫（Palermo）是西西里岛区的首府，位于西西里岛西北部，有"金盆地"（Conca d'Oro）之称。是一个诺曼底、拜占庭及伊斯兰三种建筑风格并存的城市，一些建筑物还具有浓厚的阿拉伯色彩，比如圆柱及墙壁雕刻。这个岛的魅力在于大街上可以看到不同肤色、不同宗教和不同语言的人，以及不同时代的建筑风格。主要景点有巴勒莫的王宫（Palazzo Reale）、主教堂（Duomo）和充满奇花异草的巴勒莫植物园。

主教堂

　　此教堂为阿拉伯-诺曼风格，其特点是庄严雄伟；巴拉蒂小教堂（Cappella Palatina）；圣若望隐修院（S.Giovanni degli Eremiti）；加布其诺墓穴（Catacombe dei Cappuccini），即"白骨堂"，堂中有一排排的骨架穿着常人的衣服，或站或坐；埃雷米蒂教堂（S.Giovanni degli Eremiti）和邻近的修道院，它们都是中世纪诺曼底式建筑的杰作，但受到阿拉伯风格的影响。

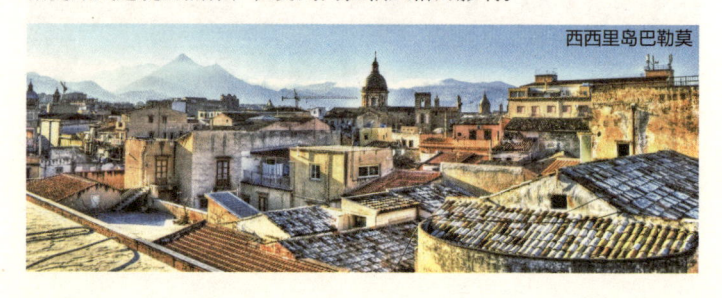

西西里岛巴勒莫

阿格里真托

阿格里真托（Agrigento）的神庙谷（la Valle dei Templi）至今保存有20多座古希腊时期建造的神庙遗址，呈土黄色，气势高大雄伟。

奥林匹克的宙斯神庙

又称朱庇特神殿。建于公元前480年左右，长112米，宽56米，是当时最大的多利亚式神庙，后因地震而倒塌，整个建筑以"男像柱"作为支撑。现在地上还躺着一根巨大的"男像柱"，它长7.5米，形如一个双腿并立、双手向上和头一起支撑屋顶的男人，可以想像当时的神庙是如何高大。

大力神神庙

建于公元前520年，长67米，宽25米，屋顶和墙壁已不存在，原来有38根柱子，现在仅存八根还立在原地。

农神庙

建于公元前5世纪，现在还留下四根柱子。

协和神庙

建于公元前430年，是至今保存最完好的一座神庙，圆柱、正面的三角形梁架、大理石台基都保存完好，神庙长42米，宽20米，看起来十分雄伟。

朱诺内神庙

建于公元前470年，是一座多利亚式建筑，原有34根圆柱，现尚存25根。

塞利农特神庙

位于阿格里真托西北约60公里处，为希腊人在公元前650年所建的一座城市，今天只剩下许多根立柱，从它们分布的情况，可以辨认出当时的一些不同的建筑，如图书馆、仓库、神庙等。

阿格里真托协和神庙

锡拉库萨

位于西西里岛东南岸，海拔17米，市内是中世纪的街道和巴洛克式的建筑，由一座桥与西西里岛连接起来，城市的另一半是现代城区，位于西西里岛上，街道呈规则的方形布局。锡拉库萨是公元前8世纪由希腊人建立的城市，后来为罗马人所征服，这里有公元前3世纪的希腊剧场和罗马圆形露天剧场、公元前7—前6世纪的阿波罗神庙。

古希腊露天剧场

建于公元前5世纪，几乎在整个山岩上挖掘而成，可容纳一万多观众，是古时留下来的最大的戏院之一。每年4—5月都要在这里举行希腊古典戏剧演出，以吸引游客。

古罗马露天剧场

建于公元3世纪，系奥古斯都大帝晚年留下的伟大工程，长140米，宽119米。其作用与罗马的斗兽场相似。

阿基米德墓

阿基米德（约公元前287—前212年）是出生在锡拉库萨的古希腊数学家、物理学家和天文学家。他提出著名的"阿基米德原理"（即物体在水中的浮力，等于该物体所排出的同体积水的重量）。他还有一句名言："只要给我一个支点，我就能撬动地球。"

古罗马露天剧场

卡塔尼亚

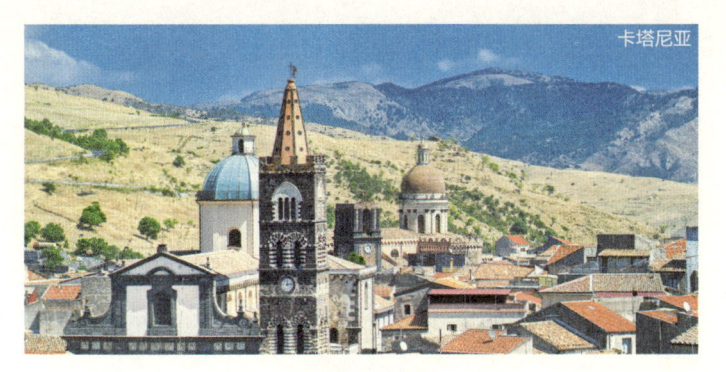

卡塔尼亚

位于西西里岛东岸的卡塔尼亚湾,是西西里仅次于巴勒莫的第二大城市,人口密度也比较高。虽然历经火山爆发与地震灾害,但仍保留着许多16世纪建造的巴洛克式建筑。它在埃特纳火山的南坡脚下的大平原上,火山灰使土地肥沃,盛产销往北欧的柑橘和蔬菜。工业也相当发达,是意大利南部重要的经济、旅游城市,有"欧洲硅谷"之称。这里也是著名作曲家贝里尼(Vincenzo Bellini,1801–1835)的故乡。

陶尔米纳

陶尔米纳是一个距墨西拿约25公里,是一座风景秀丽的海滨城市,它位于东海岸海拔200米的山上,依山傍海,一面是悬崖峭壁,一面是蓝色的海洋,小城的街道狭窄,古色古香,是一处游览胜地。特别是可以在那里观赏埃特纳火山上空烟雾缭绕的胜景。街上有许多卖纪念品的小商店和酒吧,晚上放映着火山喷发的录像,四季游人不绝。海滨小城的幽静和埃特纳火山的神秘,会给你留下深刻的印象。

埃特纳火山

意大利是多火山的国家,那波利附近有掩埋了庞贝古城的维苏威火山,但它已处于半睡眠状态。而西西岛的埃特纳火山,则是西欧最大的活火山,近年来多次喷发。埃特纳火山在西西里岛的东北角,海拔3520米。公元前475年第一次爆发,至今已爆发五百余次,1950–1951年曾连续喷射372天。1981年3月也有过一次大的爆发,造成巨大灾害。即使如此,每次喷发也会招来大批游客。

皮亚扎-阿尔梅里纳

阿尔梅里纳位于西西里岛内地,它是一座小城市,因为那里有一个名为卡萨蕾的古罗马别墅而名扬世界。

古罗马乡村别墅

卡萨蕾古罗马别墅是一座结构复杂的建筑,建于公元3-4世纪,是罗马贵族们避难的地方。别墅有一系列精美的石头镶嵌画,是非洲艺术家的作品,表现狩猎、打鱼、自然风光和人们日常生活的场景,把整个古代世界生动地再现于眼前。

墨西拿

墨西拿(Messina)是西西里岛上第三大的城市,位于西西里岛东北角,墨西拿海峡的轮渡闻名遐迩。它是距离意大利半岛最近的一座城市,中间隔了一道长约33公里、宽3-16公里的墨西拿海峡。如果乘火车或汽车到西西里去,首先要从半岛最南端的卡拉布里亚乘轮渡过波涛汹涌的墨西拿海峡(未来将修建横跨海峡的大桥),欣赏典型的地中海风光,这也是到西西里的第一道景观。墨西拿被称之为通往西西里岛的"太阳之门",这里确实也阳光灿烂,天空、云彩、海洋、山脉、像镰刀一样的海湾,以及不同时期的古代建筑和现代建筑相隔其间,从不同的角度会看到不同的色彩和特点。这座城市在1908年曾遭到地震的很大破坏,造成六万人死亡。参观的主要景点有主教堂(Duomo)与钟楼、奥立翁喷泉(La Fontana di Orione)等。这里还是文艺复兴时期的一位大画家安托内诺·达墨西拿(Antonello da Messina,1430-1479)的故乡,不少人通过他的画,看到了墨西拿的美丽。特别值得一提的是,这里还出了一位在欧洲最早开始翻译和介绍中国儒家学说的人,他名叫殷铎泽(Prospero Intercetta,1625-1696),他作为传教士于1658年和1672年两次来华,并翻译了孔子的《中庸》,取名为《中国的政治道德学》。

墨西拿

埃奥利群岛

埃奥利群岛位于帕蒂湾（Golfo di Patti）前面，由七个小岛（利帕里、武尔卡诺、萨利纳、斯特龙博利、菲里库迪、阿利库迪、帕纳雷阿）组成，行政上属墨西拿省，它的景色也非常迷人，被联合国教科文组织列入世界文化遗产名录。它们处于埃特纳火山和维苏威火山之间，是从海底露出的火山山脊的一部分。因此，它们的景色都与火山有关，肥沃的土壤，茂密的森林，鲜花、蓝天、碧海、鸟鸣，宁静的环境，其中利帕里岛（Lipari）是最大的岛，上面有个久负盛名的考古博物馆。在这里，你可以在海边散步，或品尝当地美味的食物和海鲜。

普利亚

意大利的版图是一个靴子的形状，普利亚区（Puglia）正好是靴子的根部，由巴里、布林迪西、福贾、莱切、塔兰托五个省组成，巴里市是区的首府。这里有由海景、小岛、森林、湖泊、平原、溶洞构成的迷人风景，还有"波利诺国家公园"（Parco Nazionale del Pollino）。著名的景点有蒙特城堡和圆顶石屋村，以及卡斯泰拉纳地下溶洞。

蒙特古堡

蒙特古堡（Castel del Monte）位于安德里亚市（Andria）濒临大海的一座山上，由神圣罗马帝国皇帝腓特烈二世于1240年下令修建。由于建筑雄伟，又建在一个孤零零的山头上，有"高山上的金王冠"之称。该城堡的设计上，频繁用了"八"的概念，城堡有八个侧面，一层、二层都有八个房间，形成一个八边形。还有八座八边形的塔楼。被联合国教科文组织列入世界文化遗产名录。

蒙特古堡

卡斯特拉纳溶洞

卡斯特拉纳溶洞（Grotte di Castellana）位于巴里市东南，1938年被发现，是意大利最长的地下溶洞，延伸近2000米，大部分地势平坦，其中的石笋、钟乳石等景观引人入胜。

巴西利卡塔

巴西利卡塔区（Basilicata）在南方，92%都是山地，由于交通不便，历史上是个贫困地区。它由波坦察和马泰拉两个省组成，波坦察是地区首府。盛产蔬菜、柑橘等。它的伊奥尼亚海岸沙滩开阔，第勒尼安海岸怪石嶙峋，从山上流下的小溪清澈纯净，沿海岸还有多个山洞。著名的景点有马泰拉的"石窟民居"，在美丽的海滨城市梅塔蓬托（Metaponto）古城。有一座建于公元前6世纪的希腊"帕拉汀训诫神庙"（Tavole Palatine），神庙中有15根精美的圆柱。

"石窟民居"

石窟民居（I Sassi di Matera）位于巴西利卡塔区的马泰拉，那是一片古老的岩石山洞区，大概是由牧羊人挖掘出来的，是早期人类活动的遗址，很像我国北方的窑洞。是联合国教科文组织评定的世界自然遗产之一，吸引着来自世界各地的游客。

巴西利卡塔马泰拉

卡拉布里亚

卡拉布里亚区（Calabria）位于南部，在"长靴"的尖处，隔着三公里宽的墨西拿海峡与西西里岛遥遥相对。它包括5个省：卡坦扎罗、雷焦卡拉布里亚、科森扎、克罗托内、维博瓦伦蒂亚，区首府是卡坦扎罗。全区绝大部分是山地和丘陵，是森林覆盖率最高的地区，有卡拉布里亚国家公园，盛产小麦、柠檬、柑橘、葡萄、橄榄。有鹿、野猪等动物和各种鸟类，海边景色优美。勒佐－卡拉布里亚博物馆里有两座在1972年从海里打捞起来的古希腊铜像（Bronzi di Riace），举世闻名。

卡拉布里亚区海岸线

旅游资讯 地图导览

国中国-梵蒂冈、圣马力诺

梵蒂冈
圣彼得大教堂、西斯廷小教堂、梵蒂冈博物馆

圣马力诺
圣马力诺古城

城中之国——梵蒂冈

罗马城中有一个"城中之国",它的正式名称是"梵蒂冈城国"(Stato della Città del Vaticano),简称:梵蒂冈。它位于罗马市西北角,天主教教廷所在地,其前身为教皇国,根据1929年签定的《拉特兰条约》确定现边界,是一个政教合一的国家。此处原为耶稣门徒圣彼得殉难处,公元4世纪建立了教堂以示纪念。公元756年,法兰克王国国王丕平把罗马城及其周围区域送给教宗(史称"丕平献土"),后来就成立了"教宗国",范围广及意大利半岛中部的大部分地区。19世纪,意大利统一运动兴起,意大利王国的军队开进罗马城,而教宗被迫退居梵蒂冈。1929年2月11日,墨索里尼掌权后与教宗庇护十一世签订了《拉特兰条约》,意大利承认教廷为主权国家并确定了现在的边界。

梵蒂冈主要名胜是梵蒂冈大教堂、圣彼得广场、梵蒂冈博物馆和图书馆。收藏着丰富的珍贵文物和艺术品。财政收入主要靠旅游、邮票、不动产出租、银行利息、教徒的捐款等。有瑞士卫队约150人。梵蒂冈大约有一千多常住居民,大部分是神职人员。

(1)面积

0.44平方公里。

(2)国旗

梵蒂冈国旗呈正方形,由金黄色和银白色两个竖长方形组成。传说金黄和银白两色是耶稣12门徒之一圣彼得的两把钥匙的颜色。右侧的白色旗地中,绘有教皇保罗六世的皇徽。

（3）人口

800人（2011年估计）。

（4）官方语言

拉丁语、意大利语。

（5）元首（教皇）

本笃十六世（于2005年4月24日就任）。教皇由80岁以下的枢机选举产生，任期可达终身。

（6）政府首脑（国务卿）

乔万尼·拉约洛。主教委员会负责管理日常事务。实行教会法。

（7）国内生产总值

976万美元（2007年估计），人均：70 670美元。意大利货币在其境内通用，到罗马后无须办签证即可到该处游览。

圣彼得大教堂

即梵蒂冈大教堂，是世界最大的天主教教堂，教堂于公元349年建立在圣彼得墓地上，后经不断扩建，于1626年建成现在的规模。目前的规模整整花了120年的修建时间。占地22 067平方米，长211.5米，宽114.69米（包括大圆顶为136.8米）。堂内有教皇祭坛、圣彼得祭坛、母爱堂、珍宝馆以及圣彼得铜像等。它本身就是一个巨大的艺术殿堂，内部充满雕塑、绘画和各色大理石镶嵌，从地板到天花板无不精雕细刻，光彩夺目，金碧辉煌。教堂前面的圣彼得广场是贝尔尼尼在16世纪建造的，广场长340米，宽240米，两旁有148米长的圆柱回廊，廊中有巨型柱88根和圆柱248根。

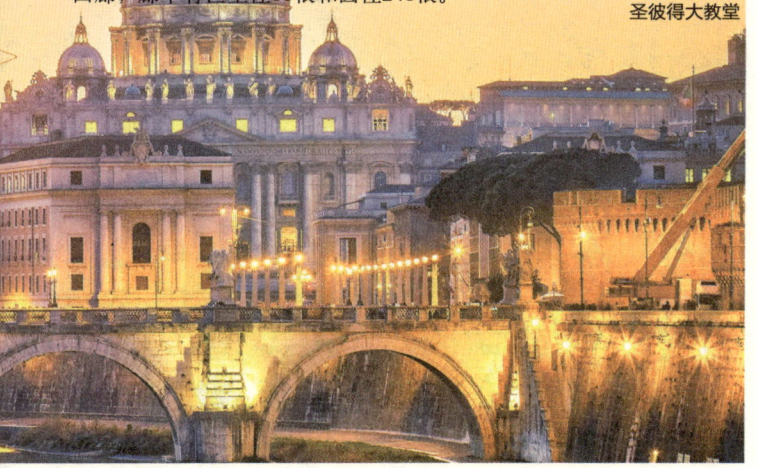

圣彼得大教堂

西斯廷礼拜堂

西斯廷礼拜堂（Cappella Sistina）是一个长方形大厅，位于梵蒂冈的圣彼得大教堂旁边，在15世纪时已有波提切利、佩鲁吉诺等在它左右墙面作了壁画，但屋顶一直空着。直到16世纪，西斯都之侄命米开朗琪罗设计创作屋顶壁画。礼拜堂的整个屋顶长36米多，宽13米余，由于画面所在屋顶略呈拱卷形，全部屋顶壁画面积在500平方米左右，足可称为西方美术史上最大的壁画，其中形体完备的人物共有343个之多，大部分比真人还大，有的甚至大愈两三倍。从1508年5月开始，至1512年10月才告完成，米氏长期仰头作画，备尝艰辛。中央部分的九幅画依次为《神分光暗》《创造日、月、草木》《神分水陆》《创造亚当》《创造夏娃》《诱惑与逐出乐团》《挪亚献祭》《洪水》《挪亚醉酒》。框边的拱间壁画则绘以12位男女先知，四角画摩西、大卫的故事，建筑构件细部间隙还配置青年裸体形象，所以整幅壁画看起来气象万千，十分壮观。其中尤为杰出的如《创造亚当》中的上帝和亚当的形象、利比亚女先知以及裸体青年的形象，皆被誉为盛期文艺复兴最完美的创造。

旅游资讯　地图导览

梵蒂冈博物馆 P152B2

梵蒂冈博物馆（I Musei Vaticani）在梵蒂冈，是世界上最大的博物馆之一，是由许多博物馆并在一起组成的。其中馆中有馆，总面积达55 000平方米，共有各种博物馆二十余个。其中最主要藏品是：在西斯廷礼拜堂内有米开朗琪罗的壁画《末日审判》和天顶画《创世纪》；在签字厅内有拉斐尔的《雅典学院》和《圣礼的争辩》等精美壁画。还有安杰利科、波提切利、佩鲁吉诺、吉兰达约和卡拉瓦乔等文艺复兴大师的画作。其次，还陈列有大量古希腊、罗马时期的墓碑、雕像，如《拉奥孔》；以及许多牙雕和金银饰品。在博物馆的图书馆中存有数万件手抄本、典籍、版画、古版书，以及马丁·路德和米开朗琪罗等名人书稿手迹。梵蒂冈博物馆在每月的最后一个星期日免费开放。

梵蒂冈博物馆

国中之国——圣马力诺

在意大利有一个"国中之国",那就是圣马力诺共和国(La Repubblica di San Marino)。

(1) 国旗

国旗呈长方形,长与宽之比为4∶3。自上而下由白色和浅蓝色两个平行相等的横长方形组成,旗地中央是国徽图案。白色象征白雪,还象征纯洁;浅蓝色象征蓝天。圣马力诺国旗有两种,上述为官方和正式场合用旗,非正式场合则用无国徽国旗。

(2) 国徽

国徽中心图案呈心形。蓝地上三座白塔,塔顶上饰美丽的鸵鸟羽毛;塔下为翠绿的山,象征海拔739米的蒂塔诺山,首都圣马力诺就在这座山上。心形图案上端是一顶王冠,象征圣马力诺为拥有独立主权的共和国;两侧以橡树枝和月桂树枝装饰;下端的饰带上写着"自由"。

(3) 地理位置

圣马力诺位于欧洲亚平宁半岛东北部的内陆国,距离里米尼仅27公里。四周与意大利接壤,境内起伏多山。面积61.19平方公里。

(4) 简史

公元301年建国,1263年制定共和国法规,是欧洲最古老的共和国。15世纪起确定现在的国名。第一次大战期间保持中立,第二次大战期间被纳粹德国侵占,1944年对德宣战。战后由共产党、社会党联合执政。1988年7月,圣马力诺组成新政府,由天民党和共产党联合执政。1993年5月,圣马力诺大选后,圣马力诺政府由天民党和社会党共同执政。

(5) 人口、语言、宗教

人口：31 888人（2011年1月）。意大利语。居民大多信奉天主教。

(6) 首都、国庆日

首都就是圣马力诺。国庆日是9月3日。

(7) 议会、元首、政府

由60名议员组成的大议会是立法机构，每五年普选一次。大议会选举出两名成员担任为期六个月的执政官。两位执政官既是国家元首，又是政府和议会首脑，他们权力相等，任期半年，不能连任，三年后可再次当选。执政官和内阁组成了政府的行政部门。同时，大议会也选出12人委员会，组成司法部门。

(8) 外交

圣马力诺外交政策的宗旨是维护国家的主权和独立，愿同一切友好的国家发展关系。奉行积极中立的外交政策，同中国、意大利、梵蒂冈、美国、法国、英国、加拿大、俄罗斯、比利时、德国、日本、印度、埃及、古巴等九十多个国家建立了正式关系。它是联合国的成员，不是欧盟正式的成员国，同意大利的关系十分密切，意为其提供大量食品。1971年5月6日，圣马力诺与中国建立领事级外交关系。1991年7月15日起中国与圣马力诺两国关系升格为大使级关系。

(9) 经济

中小企业是经济的支柱，以服装、机械制造、电子设备、化工、建筑、酿酒为主。旅游业和邮票、纪念币的发行是国民收入的重要来源。2009年国内生产总值8.17亿欧元，人均国内生产总值1.8万欧元。圣马力诺里拉与意大利里拉可互换，允许使用欧元。

旅游须知

1. 礼仪禁忌

（1）意大利人见面时行握手礼或用手示意。

（2）有些意大利人约会时不守时。

（3）交谈中不要谈美式橄榄球和政治。

（4）在意大利女士受到尊重，特别是在各种社交场合，女士处处优先。宴会时，要让女士先吃，只有女士先动刀叉进餐，先生们才可用餐。

（5）意大利人忌数字"13"。凡住房号、剧院座位号等都不准有13的字样。

（6）赠送纪念品时，切忌送手帕，意大利认为手帕是亲人离别时擦眼泪用的不祥之物。

（7）送花时忌送菊花，因为菊花盛开的季节正是他们扫墓的时候。送花的花枝、花朵应为单数。

（8）无论男士、女士都不得穿短裤、短裙或无袖衬衫到教堂或天主教博物馆参观。

2. 温馨提示

（1）女性在晚上就不要单独出门了。

（2）去问路或者寻求帮忙的话，女性比男性管用得多。

（3）学会把五个指头捏在一起的手势，你会变得像个地道的意大利人。

（4）意大利人长得都很好看，都很恋家很痴情很执着；当然如果现在的对象吹了，他们追下一个也会这么执着。

（5）不要提打仗，要知道这个国家南北统一只用了九百个人就搞定了。

（6）只要比地面高的地方都是可以坐的。

（7）当地人吃东西前是不会洗手的，如果吃薯片的话会把掉在桌子上的碎渣抹一把全部吃掉，不要瞠目结舌。如果一个当地人跟你分享咬过的食物、喝过的饮料、抽过的烟的话，那就是真把你当兄弟了。

（8）擅长罢工，随便什么都能罢工。如果行程太紧密的话，最好不要挑便宜的容易产生罢工可能的旅行方式。

（9）威尼斯是时尚之都没有错，但威尼斯人的服装搭配特别惨不忍睹也没有错。

（10）对孩子都很好，就算小孩子再有问题，大人还是会很耐心地教导下去。

（11）所有人都是超级球迷。

（12）极端（近乎不要脸的）不守时。

（13）跟他们聊天不谈床笫之事是不可能的，而且口味颇重。

（14）朋友之间会非常亲昵。

（15）普遍排斥英文，但如果你会说温州话或者青田话的话，那在意大利就无敌了。

（16）中国姑娘走在路上被本地帅哥跟踪是肯定的，被调戏搭讪是很普遍的，被告白拉手是很平常的，被强吻求婚也是不少的。

（17）不晓得哪里有卖地铁票、公交车票的话，去报刊亭或者烟草店买准没错。

（18）不要拜托任何吉普赛人帮你买票，除非你拿正好的零钱给他。

（19）意大利只有一种咖啡，就是espresso，俗称意大利浓缩咖啡。最好吃最地道的方式是往里边泡饼干吃。

（20）尽量别跟他们主动谈足球。如果是同一家的还好，如果是AC米球迷碰上尤文球迷你们还是尽早分开吧。

（21）想上厕所的话直接冲向4星级以上酒店，只有那里是免费的；或者去冰激凌店，花费不到二欧元。否则要么花至少二欧上一次厕所，要么就只好憋着了。

（22）每年2月、5月、8月是威尼斯各种节庆集中的时候，如果碰巧这期间来威尼斯的话务必请注意相关信息。不过万一有人罢工的话，还是不要参加各色节庆活动的好，因为八成会变成全城罢工大会。

罗马街景

3. 意外应急须知

(1) 护照遗失

在国外旅行，护照是一个非常重要的证件，一旦丢了，要立即给中国驻意大利大使馆打电话，说明情况，并留下自己的电话。在大使馆备注后可以等半天时间，因为有可能会有好心人送回护照。在等待的这段时间，你可以到附近的警察局开护照遗失证明，然后准备要补办护照所需的材料，如事先准备好的照片、护照复印件、身份证原件及复印件、警察局开具的护照遗失证明及复印件等。如果没能找回护照，应尽快拿着自己的材料去大使馆补办护照。为了保险起见，你还可以提前准备一份护照的复印件。

(2) 行李丢失

在行李托运时，应该做一些比较明显的标记，这样方便自己，同时也可避免让别人拿错。一些重要的文件资料或者贵重物品，尽量不要拿去托运，要随身携带并且妥善保管。

如果你在下飞机的时候找不到自己的行李，可以与现场的工作人员联系或者到行李查询柜台询问，给工作人员看你的行李单（Claim Tag），看看是否有人拿错行李。如果行李遗失，那就要对行李进行遗失登记。在登记遗失行李表时，要详细写清楚行李中包含的物品和价格，如果三天没有找到行李，那么可以向航空公司或者巴士公司要求理赔。在旅途中丢失行李，比如宾馆、车站等地丢失的，要及时与相关工作人员联系并报警，不过那样找回行李的几率比较低。

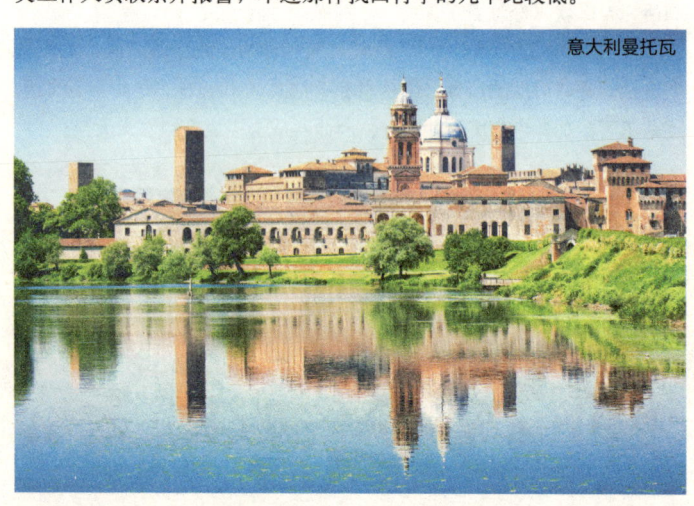

意大利曼托瓦

(3) 信用卡和旅行支票丢失

信用卡遗失应立刻打电话至发卡银行的24小时服务中心，办理挂失与停用业务，也可以与当地信用卡公司的办事处或合作银行取得联系。办理手续时需要信用卡卡号和有效期限，所以一定要牢记自己的信用卡卡号。当旅行支票丢失时，如果自己没有签名，不用担心。如果自己签名了，就需立即给旅行支票发行公司的海外服务中心打电话挂失，停用已遗失的旅行支票，并申请重发旅行支票。

(4) 生病

在出国之前，建议买一份健康保险。如果要服用医生开的药品，不仅要把量带足，还要带上处方，以便补充药品。当然，如果只是一般普通的小感冒，那就吃点药，盖着被子睡一觉。在意大利，有很多药店，到了药店，你只要告诉医生你的一些症状，就可以拿到药。但需要注意的是，如果是假日或者周末，大多数药店不开门，只有在门口贴有假日也营业的药店才营业，你可以根据上面提供的信息寻找。

4. 建议

(1) 虚心学习

古人云："读万卷书，行万里路。"旅游也是学习，有些争论不休的问题，用"我亲眼见过"这句话，就很有说服力。中国、意大利都是文明古国，一个在东方，一个在西方，各自对世界文明的发展都做出过巨大贡献，但相互间也有很大的差异。有一次，笔者在意大利同意大利朋友谈起他们的文化时，他们很谦虚，翘起大拇指说，这是中国的文化，翘起小拇指说，这是他们的文化。其实，即使从表面看，也有许多值得我们学习的地方，如古罗马的宏伟建筑、文艺复兴的绘画和雕塑、地中海饮食清淡的习惯等。在文学、历史、哲学等方面，也有许多著作值得我们学习和借鉴，如西塞罗、但丁、马基雅维利、克罗齐、葛兰西、曼佐尼等人的著作。

(2) 文明礼貌

意大利有句成语"A Roma come i romani"，意思是说"到了罗马，就应当像罗马人那样"，言下之意，是说要入乡随俗，尊重别人的风俗习惯。对别人的宗教信仰、政治制度、生活习惯，不妄加评论。在生活细节上也需注意，如进门让女士先行，吸烟前征求周围人的意见，看歌剧、进教堂按要求着装（如进教堂禁止穿短裤），在餐馆用餐时不要大声谈笑或碰响杯盘，影响旁人。打扰了别人，要说

scusi(对不起)；对提供服务的人，说grazie（谢谢）；熟人见面时要打招呼，说buon giorno（你好，日安）。

(3) 抓住重点

短期到一个国家旅游，只能抓住重点，看最主要的景点。意大利的特点是，一是古罗马文化，这是世界其他地方没有的，因此要看古罗马废墟、古罗马斗兽场等。二是佛罗伦萨是欧洲文艺复兴发源地，要去参观那里的大教堂"圆顶"建筑、洗礼堂的"天堂之门"、乌菲齐画廊和"大卫"像、顺便参观佛罗伦萨附近的比萨斜塔。三是参观水上城市威尼斯的奇异风光。四是罗马的梵蒂冈大教堂和它的博物馆，以及罗马的博尔盖塞画廊。五是米兰的达·芬奇壁画《最后的晚餐》。以上项目是必须的。如果还有时间，那就多多益善，西西里岛和那波利也是很值得一去的地方。

(4) 注意安全

一个硬币总有它的反面，到任何地方都要注意安全问题。中国人远游，以常常爱带大量现金而闻名，从而引起小偷、扒手的注意。因此建议游客尽量少带现金，护照等要妥善保管并预留复印件，切忌麻痹大意。外出最好结伴而行，财物分散保管。警惕陌生人搭讪、赠送饮料、食品等。遇到突发事件时要冷静，不要分散注意力。意大利的火车、公交车都不报站，出租车有宰客现象，乘坐时要注意。在重要的旅游景点禁止坐在地上休息。

威尼斯里亚托桥

5.中国驻意大利大使馆和总领馆联系方式

◆中国驻意大利大使馆
地址：Via Bruxelles, 56, Roma。
电话/传真：0696524200/0685352891。

◆使馆商务处
地址：Via Camilluccia, 613, Roma。
电话/传真：0636308534/0636308552。

◆使馆教育处
地址：Via Armando Spadini 9, Roma。
电话/传真：063220275/0632502846。

◆使馆文化处
地址：Via del Nepal, 30, Roma。
电话/传真：065916996/0654220385。

◆中国驻米兰总领馆
地址：Via Benaco, 4, Milano。
电话：025694106/025694131。

◆中国驻佛罗伦萨总领馆
地址：Via dei della Robbia, 89-91, Firenze。
电话/传真：055058188/0555520698。

©《中国公民出游宝典》编委会 2014
所有权利（含信息网络传播权）保留，未经许可，不得以任何方式使用。

图书在版编目（CIP）数据

意大利/《中国公民出游宝典》编委会编著．—北京：测绘出版社，2014.5
（中国公民出游宝典）
ISBN 978-7-5030-3395-7

Ⅰ.①意… Ⅱ.①中… Ⅲ.①旅游指南–意大利 Ⅳ.①K954.69

中国版本图书馆CIP数据核字（2014）第033450号

人文地理作者：李玉成　李　梅

策　　划：赵　强			
责任编辑：赵　强			
执行编辑：付永涛			
地图编辑：黄　波			
责任印制：陈　超			
出版发行	测绘出版社	电　话	010-83543956（发行部）
地　　址	北京市西城区三里河路50号		010-68531609（门市部）
邮政编码	100045		010-68531363（编辑部）
电子信箱	smp@sinomaps.com	网　址	www.chinasmp.com
印　　刷	北京新华印刷有限公司	经　销	新华书店
成品规格	125mm×210mm	印　张	7
字　　数	156千字	版　次	2014年5月第1版
印　　次	2014年5月第1次印刷	定　价	42.00元
书　　号	ISBN 978-7-5030-3395-7/K·441		
审 图 号：GS（2014）152号			

本书如有印装质量问题，请与我社门市部联系调换。